بسم الله الرحمن الرحيم

الحمد لله رب العالمين والعاقبة للمتقين ولا عدوان الا على الظالمين والصلاة والسلام على خير البرية محمد وآله وصحبه أجمعين قال الفقيه أبو الليث رحمه الله اعلم بأن الصلاة فريضة قائمة وشريعة

監修者――佐藤次高／木村靖二／岸本美緒

［カバー表写真］
踊るスーフィー
（メトロポリタン美術館蔵）

［カバー裏写真］
イスマーイール・サーマーニー廟，ブハラ

［扉写真］
『礼拝序説』第1ページ

世界史リブレット70

中央アジアのイスラーム

Hamada Masami
濱田正美

目次

ナイポールの謬論

外来の宗教に改宗した者は、あらゆる意味で一貫して受動的な地位におかれることになるという奇妙な考えに取り憑かれた人びとがいる。例えば、二〇〇一年のノーベル文学賞を受賞したイギリス国籍の作家V・S・ナイポールは、その著書『イスラム再訪』▲の序文で以下のように述べている。

イスラム教は、その発生の経緯からしてアラブの宗教である。アラブ人でないムスリムはみな改宗者だ。イスラムは、良心や個人の信心だけの問題ではない。それは尊大な態度であらゆる要求を突きつけてくる。改宗者の世界観も変わる。聖地はアラブの地、聖なる言語はアラビア語となる。歴史観も変わる。自らの歴史を捨て去り、好むと好まざるとにかかわらず、

▼**『イスラム再訪』** 原題はBeyond Belief, Islamic Excursions among the Converted Peoples である。このタイトルは、著者があくまでも「改宗」にこだわっていることを示している。ナイポールの執拗なこだわりは、イクバール・アフマドによっても厳しく指弾されている（大橋洋一ほか訳『帝国との対決――イクバール・アフマド発言集』太田出版、二〇〇三年、二四六～二五二頁）。

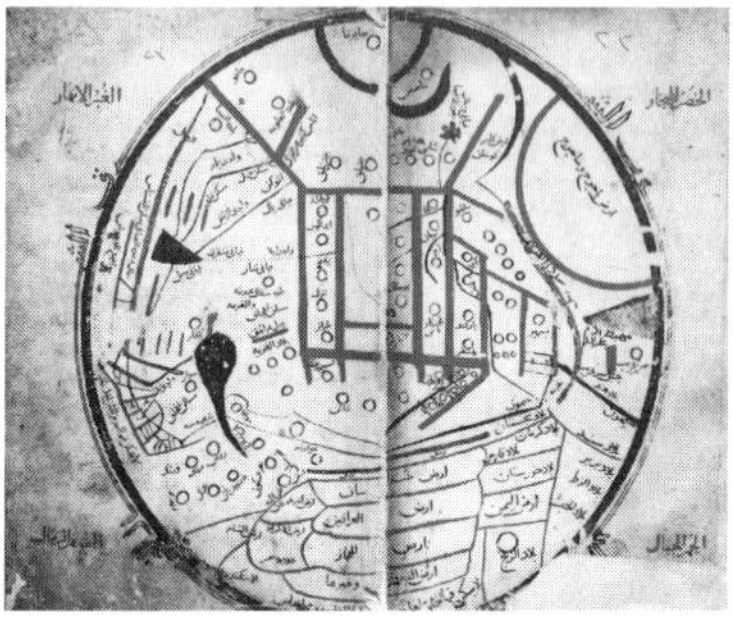

『テュルク語総覧』所載の世界地図　東が上で、最上部にジャーバルカーが記されている。左のオタマジャクシのかたちがカスピ海、その上部の三角がアラル海。中東全体が下方すなわち西方に圧縮されている。

アラブの物語の一部となる。改宗者は、己の持てるすべてに背を向けねばならない。社会にもたらされる混乱は計り知れず、それは千年のちにも解消されず残っていることもあり得る。自己否定は何度も繰り返されねばならない。人々は自分たちが誰なのか、何者なのかについて空想をめぐらす。そのため改宗国のイスラムにはどこか神経症と虚無主義を感じさせるものがある。そのような国は何かと沸き立ちやすい。（斉藤兆史訳、岩波書店、二〇〇一年）

日本語訳で四〇〇字ほどのこの文章は誤謬《ごびゅう》と偏見に満ちているといって過言ではない。「アラブ人でないムスリムはみな改宗者」であるわけではなく、イラン人であろうがトルコ人であろうが、最初に改宗した者のつぎの世代以降は生まれながらにムスリムとしてはぐくまれるのであり、みながみな「改宗」を経験するわけではない。預言者と同時代人であったアラブ人は、預言者の教えに従ってジャーヒリーヤ時代（イスラーム以前の時代）の多神教と偶像崇拝の信仰からイスラームに改宗した。したがってアラブ人も改宗者の子孫であるという点では、ほかのムスリムと違いはない。そもそもムハンマド自身が招命を受けて預言者となったのであるから、彼こそが最初の改宗者であるともいえよう。改宗が世界観と歴史観の変革をともなうことは、イスラーム教にかぎった現象ではなく、キリスト教であれ仏教であれ、およそひとの世界観を変革させるに足る衝迫力をもたぬ宗教は、世界宗教の名に値するものにはなりえなかったであろう。

改宗者の「聖地はアラブの地」になるという文章それじたいは誤りとはいえないが、多神教時代の聖域であったカーバが預言者によって「イスラーム化」されたように、アラビア半島の外でもイスラームがおよぶ以前の聖所の多くは聖者崇敬の外衣をまとって生きつづけたことに▲ナイポールは無知であるか、あるいは無視しているかのいずれかである。十一世紀に著されたマフムード・アル・カーシュガリーの『テュルク語総覧』▲に含まれる円形の世界地図の中心は中央アジアのバラサグンであって、あるいは日本を指すかと考えられているジャーバルカーは明瞭に記されているが、本来のアラブの土地であるヒジャーズは西方の辺境に押しやられ、メッカやメディナは表示すらされていない。

さらにまた『シャー・ナーメ』▲ひとつをとってみても、イスラームの受容は

▼**聖所の聖者崇敬への移行**　巨岩や泉にたいする自然崇拝がイスラームの聖者崇敬に変身した例については、濱田正美「天山の岩と泉と聖者の墓と」松原正毅他編著『ユーラシア草原からのメッセージ――遊牧研究の最前線』(平凡社、二〇〇五年)を参照。

▼**『テュルク語総覧』**　最初のテュルク語・アラビア語辞典。用例として多くのテュルク語の民謡や俚諺(りげん)を記録しており、歴史史料としても重要な文献。

▼**『シャー・ナーメ』**　フィルダウスィー(九三四〜一〇二五)が三〇年かけて一〇一〇年ころに完成した古代イランの英雄たちにかんする叙事詩。

「自らの歴史を捨て去る」ことになるとの断言が誤りであることは明白である。むしろ多くの場合、イスラーム受容以前の歴史は、「捨て去られる」のではなく、以下でも実例をあげるようにイスラームの枠組みのなかに再措定されたのである。改宗の結果「社会にもたらされる混乱は計り知れない」というにいたっては、まったく根拠のない暴論であり、イスラームとムスリムにたいする著者の「神経症」的な嫌悪感を示しているにすぎない。ナイポールの小説は高い評価をえているが、その芸術的達成はかならずしも小説家の知的誠実さを保証するものではないらしい。

少なくとも中央アジアにあっては、事実はことごとくナイポールの偏見とは正反対であった。この地の人びとが、受容したイスラームをいわば触媒として新たな人間社会を形成したばかりでなく、イスラームの信仰じたいを定式化し完成するための多くの寄与をおこなったことは以下にみるとおりである。

なお、ここにいう中央アジアは明確な地理的概念ではなく、おおむねマー・ワラー・アンナフルを中心に北のカザフ草原、東の東トルキスタン、南西の歴史的ホラーサーンを含む地域を指して便宜的に用いることとする。

中央アジアの政治史とイスラーム

642	ニハーヴァンドの戦い。サーサーン朝実質的に崩壊。
667	アラブ軍はじめてアム川を渡り，チャガーニヤーンにいたる。
709	クタイバ・イブン・ムスリム，ブハラを占領。
747	アブー・ムスリム，マルヴを掌握して東方でのウマイヤ朝支配を終息させる。
751	アブー・ムスリムの部将，ズィヤード・イブン・サーリフ麾下(きか)のアラブ軍，タラス河畔で唐軍を撃破。
819	サーマーン・フダーの孫たち，アッバース朝からサマルカンド，フェルガナなどの支配権を授与される。
876	サーマーン家のナスル，カリフからマー・ワラー・アンナフル全体の支配権を獲得。
10世紀半ば以前	カラハン朝のサトゥク・ボグラ・ハーン，イスラームを受容。ほぼ同じころ，セルジューク集団，オグズから分離してシル川左岸のジャンドに移り，イスラームに改宗。
955/6	サーマーン朝の部将アルプテギン，ガズナを中心に独立政権を樹立。その権力を継承したセビュクテギン以降，世襲王朝となる。
999	カラハン朝，二度目にブハラを占領。サーマーン朝滅亡。
1038	セルジューク家のトゥグリル・ベク，ニーシャープールに無血入城。セルジューク朝の成立。1055年にはバグダードに入城。
1142	カラキタイ，マー・ワラー・アンナフルを征服。
1219	モンゴルの西征開始。
1258	フラグ麾下のモンゴル軍，バグダードを占領。アッバース朝滅亡。
1313	ジョチ・ウルスのウズベク・ハーン即位。のちイスラームに改宗。
1346	チャガタイ裔のトゥグルク・ティムール・ハーン即位（モグーリスターン・ハーン国）。のちイスラームに改宗。
1370	ティムールの政権樹立。
1500	ジョチの後裔，シャイバーニー・ハーン，サマルカンドを征服してシャイバーン朝を樹立。
1552	モスクワ公国のイワン４世，カザンを征服。カザン・ハーン国滅亡。
1759	清朝，東トルキスタンを征服して，この地を新疆(しんきょう)と命名。
1865	ロシア軍，タシュケントを占領。

①—イスラーム信仰の定式化

初期の改宗

　中央アジアにおける最初期の改宗が、いつどれほどの規模で始まったかについて同時代の史料はなにも語っていない。十世紀の半ばに書かれたナルシャヒーの『ブハラ史』は、八世紀初めにブハラを占領したクタイバ▲は住民に改宗を強制し、ブハラの要塞のなかにモスクを建設して、金曜日の礼拝に参加する者に二ディルハムを与えたと伝えている。また七一七年に即位した篤信《とくしん》で知られたカリフ▲、ウマルがマー・ワラー・アンナフルの土着の支配者たちに平和的改宗を促したことも知られている。しかし、ウマイヤ朝▲は概して被征服民の改宗に積極的ではなかった。当時のアラブ人が、イスラームが普遍宗教であるとの認識に到達していなかったこともこの消極性の一因であると考えられる。

　事態は、アッバース家運動▲の教宣とともに変化しはじめ、初期のアッバース朝▲下で急速に進展した。R・ビュリエトのイランにおける改宗の進展にかんする研究によると、アッバース朝成立直前の七四三年には改宗者の割合は一割程

▼クタイバ（六六九～七一五）　中央アジアを征服したウマイヤ朝の総督。

▼カリフ　代理人の意。預言者の死後、ムスリムの最高指導者の位についた者の称号。

▼ウマイヤ朝（六六一～七五〇年）　イスラーム史上最初の世襲王朝。首都はダマスクス。

▼アッバース家運動　ウマイヤ朝にかわって預言者の家系に出自する者の統治を実現しようとした運動。当初はシーア派もこれに同調した。

▼アッバース朝（七五〇～一二五〇年）　ムハンマドの叔父アッバースの子孫が樹立した王朝。ウマイヤ朝を打倒して成立。第二代のマンスールがバグダードに首都を建設。

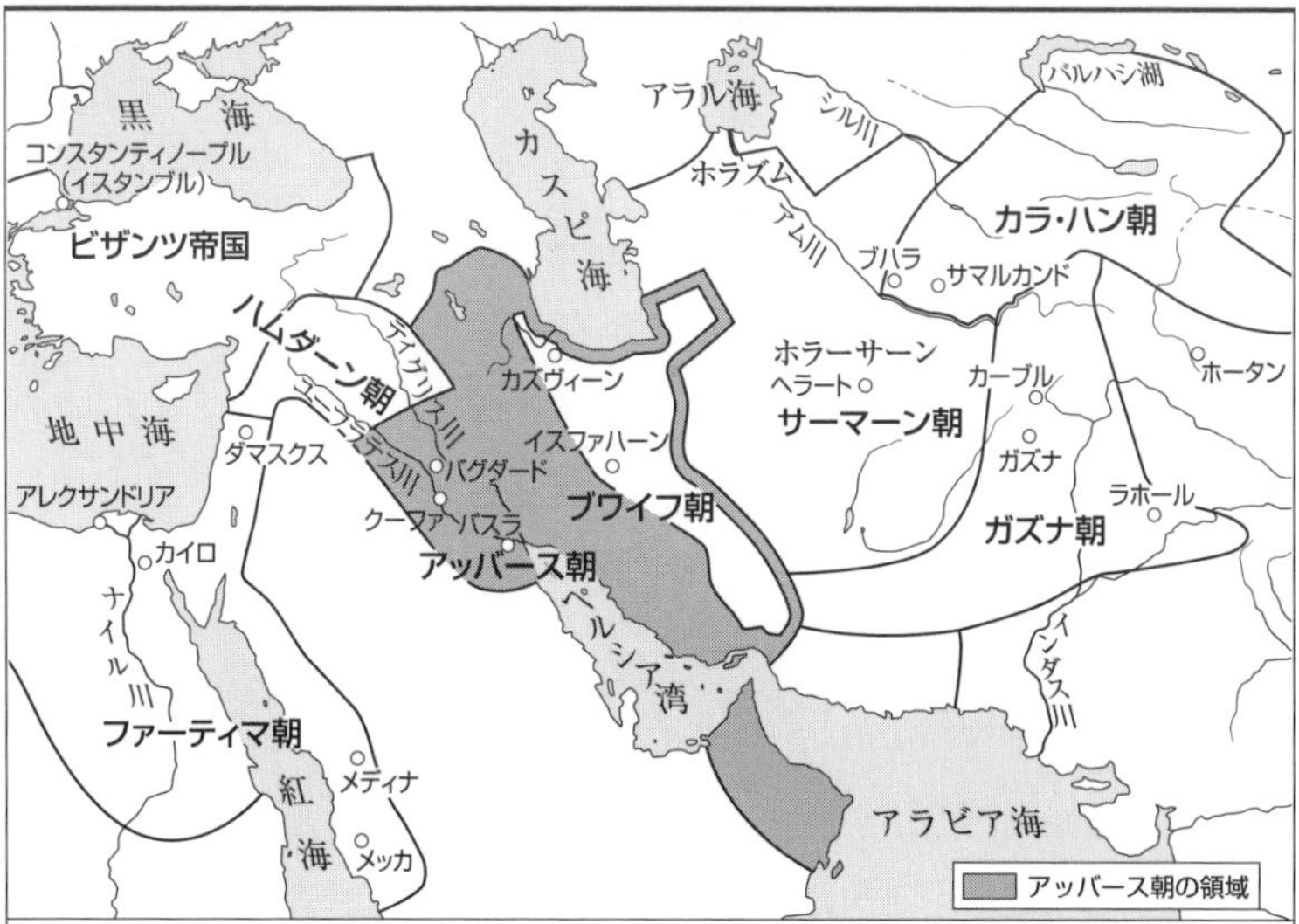

●—中央アジアのイスラーム王朝

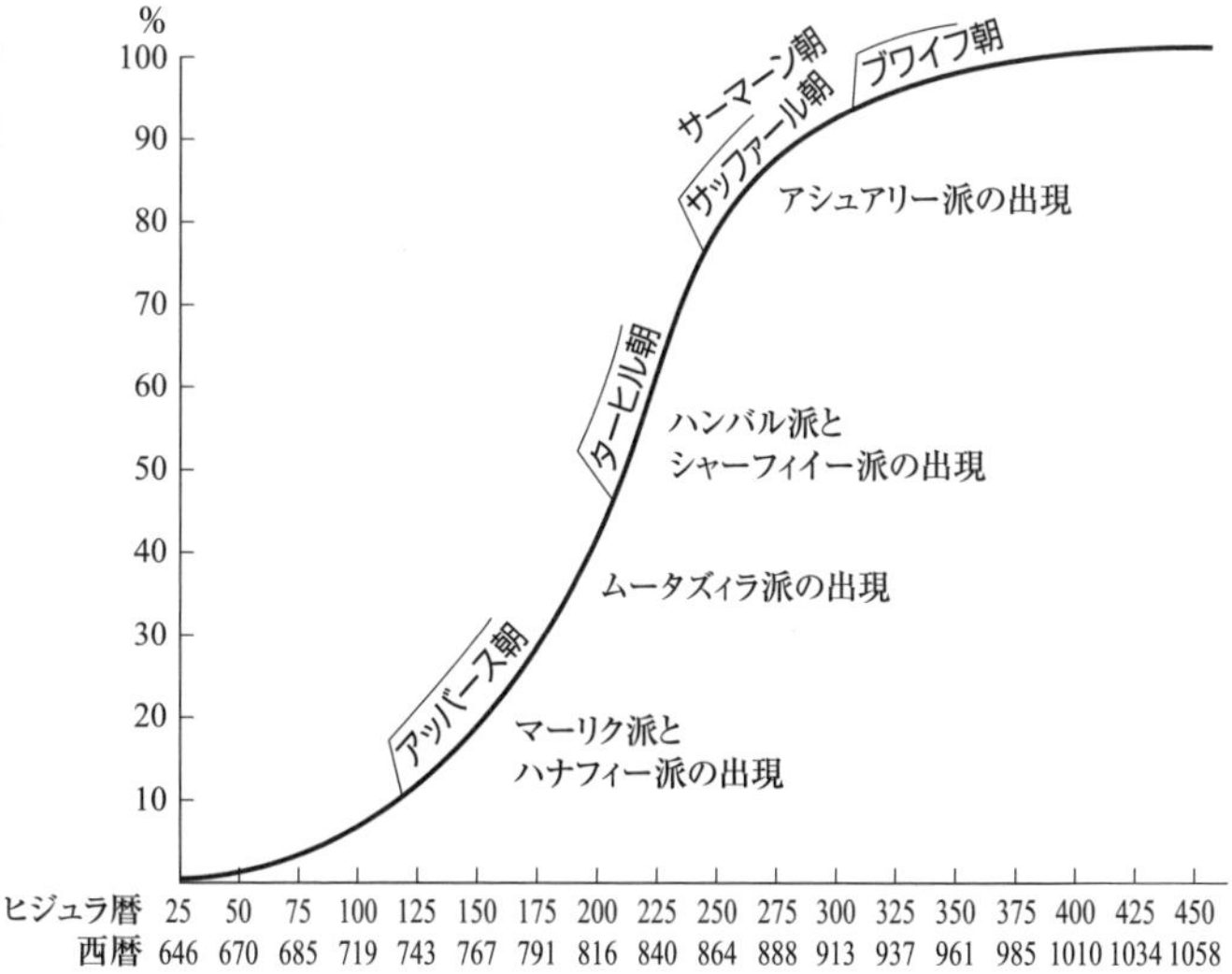

●—イランにおける改宗の進展

R・ビュリエトによる。

度であったが、七九一年には二割、そこからはビュリエトがバンドワゴン（便乗組）現象と呼ぶ飛躍的な増大がみられ、八六四年には八割に近づいたと推計されている。イランに隣合う中央アジアでも、同じ時期に同様の現象が発生したとの仮定は十分に可能である。

この時期はあたかも、アッバース朝の帝国イデオロギーの形成とイスラーム信仰の定式化が並行して進展した時期にあたる。文化面における反アラブ的なシュウービーヤ運動▲やバーバクの乱▲のような異教徒による反乱を克服して、イスラームは宗教、政治、文化を含むあらゆる分野でその覇権を最終的に確立しつつあり、中央アジアの新たなムスリムのうちからはこの確立を積極的に担う者たちが輩出したのであった。

ハディースの編纂

固有の教義を言語によって明確に表現することがほとんどない自然宗教はさておき、いかなる宗教も、なにをいかに信じるべきか、信じるところに従っていかに行為すべきかを明確に呈示しないかぎり改宗者を獲得▲することはできな

▼シュウービーヤ運動　ムスリムとしてのアラブと非アラブの平等を主張し、ペルシア文化の優越性を誇示した。

▼バーバクの乱　バーバク（八三八没）に率いられた、アゼルバイジャーンにおける反アッバース朝反乱。

▼改宗者の獲得　教祖や宣教者がその人格的な魅力によってのみ改宗者を獲得することは十分にありうる。また、生命を脅かしたり、経済的利益で誘導したりという事態を想定することも可能である。さらに自然宗教の場合でも、東南アジアの先住民の儀礼に加わって、たしかに神を体験したと証言した人類学者の例もある。彼の経験を「改宗」と呼ぶことは可能であるとしても、彼自身がこの「宗教」のために新たな改宗者をうることはおそらく不可能である。

▼クルアーンのテクスト　書物の体裁をとったクルアーンをムスハフという。このウスマーン版以外のクルアーンのテクストはすべて焼却されたとされるが、少なくとも八世紀末までは、異本がある程度流布していた形跡がある(マイケル・クック、大川玲子訳『コーラン』岩波書店、二〇〇五年、一五八〜一六〇頁参照)。

クルアーン「開扉の章」

い。ウマイヤ朝期にはイスラームの正統教義と呼びうるものは未確立であり、それゆえ改宗の機会は、アラブ人と日常的に接触しその「宗教的」振舞いを目撃する機会をもった者にかぎられていた。さきにふれたナルシャヒーの『ブハラ史』にみえる、いったん改宗したブハラの住民がもとの宗教にもどるのを妨げるため、クタイバがその住居の半分にアラブ人を住まわせるように命じたという記述は、同居による接触以外にイスラームがなんであるかを伝えうる手段がいまだ存在しなかったことを暗示するものである。

教義の確立には、正典の確定が時間的に先行するか、最小限ともなうかしなければならない。大天使ジブリール(ガブリエル)を介して預言者に伝えられた神の言葉すなわちクルアーン(コーラン)は、ムスリムの伝承によれば、六五〇年ころカリフ、ウスマーンの命令により書物のかたちにまとめられ、テクストが確定されたとされる。

クルアーンのテクスト▲は、自身を「明白なクルアーン」と称し(一五章一節、三六章六九節)、それが「明瞭なアラビア語」である(一六章一〇三節、二六章一九五節)と断言するが、言語的に不明瞭な点はいくつもある。また例えば、礼拝せよとの神の命令をどのように実行すべきかの具体的指示はない。そもそも神の言葉といえども文字に定着されてテクストのかたちをとったからには、読む者の側からの解釈を拒否することはできない、というより、解釈という営みによってはじめて読む者は自分にとってのテクストの意味を獲得する。それゆえに権威ある注釈をともなわず、裸の状態におかれたテクストはあらゆる解釈を生み出しうることにもなる。

ここに、クルアーンの言語として不明瞭な箇所の意味を確定し、信徒の行為規範をより具体的に指示し、クルアーンのテクストの恣意《しい》的な解釈を防止するための第二の正典が必要となる。ムスリムは預言者の言行の伝承すなわちハディースを集成することによってこの必要性を満たした。

イスラーム以前からアラブ人は、自分たちのスンナすなわち慣行に従って社会生活をいとなんでいた。スンナの原義は「確立されたもの」であるが、新たな宗教の登場により、この「確立されたもの」の意味するところは、部族的慣行としてのスンナから預言者の言行によって示された範例としてのスンナへと転換した。やがて、「神とその使徒に従え」とクルアーンが命じるとおり、預言者のスンナに従うことは神の意志であり、それゆえ預言者のスンナはほとんど啓示に並ぶ権威をもち、そのスンナはハディースのうちに示されているという立場が、シャーフィイー▲によって確立されるにいたる。

こうした流れのなかでは、従来の「確立されたもの」のすべて、すなわち預言者の言行にもとづく範例、彼に承認もしくは黙認された部族的慣行、被征服地の慣行のうちイスラームに取り入れられたものなど、要するに預言者と教友の世代とそれに続く数世代のあいだに「確立された」範例のすべてが、ハディースのかたちで表現されるようになるのは当然のなりゆきであった。さらには「確立されたもの」としての承認をえることを目論む「真実ならざる」ハディースも数多く作成され、ハディースの偽作をいましめるハディースまでもが偽作されるほどであった。

このため多くのハディースの収集と並行して、そのうちの「真正のもの」を選定する営為が必須となったのであるが、これを担った人びとの多くは、生粋のアラブではなく被征服地の出身者であった。彼らは、預言者とその同時代人のスンナ(慣行)をそのままに受け継いでいる社会に生きていたアラブ人にもま

▼**シャーフィイー**(七六七〜八二〇) 法学のシャーフィイー派の名祖。法源学の創始者。

して、ハディースを収集して預言者のスンナ（範例）の内容を確定することに喫《きっ》緊《きん》の重要性を感じたのである。

スンナ派▲は一般に六種のハディース集▲をとくに権威あるものとして認めているが、その筆頭に数えられる『真正伝承集』の編者ブハーリー▲はその名のとおりブハラの生まれであり、その家系は曾祖父の代からのムスリムであった。十六歳でメッカに巡礼して以来、各地を遍歴して六〇万とも九〇万ともいわれるハディースを収集し、そこから「真正のもの」を選んで九七巻三四五〇章に編纂した。記載される伝承の数は七三九七、ただし同一の伝承が、異なった項目のもとに繰り返し載録されているので、実際の数は二七六二である。これらの数字から、真正ならざる、あるいは疑わしいとされたハディースがいかに膨大であったかをうかがうことができよう。

いまひとつの『真正伝承集』の編者ムスリム▲はホラーサーンのニーシャープール、四種の『スナン』の編者のうちティルミズィー▲はアム川上流北岸のテルメズ、ナサーイー▲はホラーサーンのニサー（ナサー）のそれぞれ出身であり、残る二人、アブー・ダーウード▲はホラーサーンの南に連なるシジスターン（シー

▼**スンナ派**　預言者のスンナに従うことを一義的に重要と考える人びと。イスラームの多数派。

▼**ハディース集**　うち二種は『真正伝承集』(al-Sahīh)、四種は『スナン』(al-Sunan)を題名とする。ちなみにスナンはスンナの複数形である。

▼**ブハーリー**（八七〇没）

▼**ムスリム**（八七五没）

▼**ティルミズィー**（八九二没、ただし異説あり）

▼**ナサーイー**（九一五没）

▼**アブー・ダーウード**（八九七没）

▼イブン・マージャ（八八七没）

▼ムスナド　法学のハンバル学派の祖であるバグダード出身のイブン・ハンバル（八五五没）のものがその代表。

スターン）、イブン・マージャ▲はイラン北部のカズヴィーンの出身者であった。『真正伝承集』が神学的な主題をも含むのにたいし、『スナン』は法学的な主題に特化しているという違いはあるが、これら『六大集』と称されるハディース集は共通して、契約、結婚、洗浄、証言等々の主題別に章を立てる形式をとっている。ハディース集のいまひとつの形式であるムスナド▲は、伝承経路の起点に位置する預言者の教友ごとにハディースを集めており、そのすべてを暗記しているハディース学者でなければ、ある特定の問題に言及するハディースを探し出すことは不可能であるが（これは過去の話であり、現在ではハディース集はデータベース化されており、専門家でない者も容易に検索できる）、主題による章立てをとる『六大集』は具体的問題について預言者の範例の命じるところを知ろうとする信者の要請により容易に応じることができた。

いずれにせよ、九世紀の半ばからの半世紀ほどのあいだに集中してハディース集が編纂されたことは、イスラームの歴史上極めて重要なできごとであった。真正のハディースが確定されたことは、すなわち預言者の範例が確定されたことであり、それはとりもなおさず「スンナと共同体の民」（つまりスンナ派の人びと）のよって立つ基盤が確定されたことにほかならなかった。中央アジア出身のハディース学者たちはイスラーム信仰の確立に大きな寄与をおこなったのである。

教理要綱書の成立

なにをいかに信じるべきか（教義・神学）と信じるところに従っていかに行為すべきか（宗教法規・法学）は本来不可分であるから、初期のイスラームでは教義と法規にかんする知識はまとめてフィクフ（原義は「理解」）と呼ばれていた。ハナフィー法学派の名祖アブー・ハニーファ▲は、この神学と法学が未分化の段階のフィクフを代表する人物である。

アブー・ハニーファの祖父は、奴隷としてカーブル（ニサーもしくはテルメズなどともいわれる）からクーファにやってきたのちに解放されてアラブのタイム部族のマウラー（隷属的被保護者）となった人物であった。アブー・ハニーファは一般に法学者にして神学者といわれるが、法学にかんする著述を遺《のこ》してはおらず、その見解は弟子であるアブー・ユースフ▲とシャイバーニー▲の著作によっ

▼アブー・ハニーファ（七六七没）

▼アブー・ユースフ（七九八没）

▼シャイバーニー（八〇五没）

て知られるのみである。一方アブー・ハニーファ自身の著作であることが確実であると考えられる『フィクフ・アル・アクバル』▲(大フィクフ)は、狭義の法学にかんするものではなく、一〇項目の簡潔な神学的教条から構成されている。

その第一項「われわれは、なんぴとをもその罪のゆえをもって不信仰者とはみなさない。またその信仰を否定しない」は、大罪を犯した者はたとえカリフであっても不信仰者であるというハーリジー派▲の主張に与《くみ》しないという立場の宣言であり、以下の項目もその多くは、シーア▲、カダリー▲、ジャブリー▲、ジャフミー▲などの「異端的」な諸派の主張を否認するものである。つまり、一人称複数を主語とするこれらの教条は、「異端的」な諸派に対立する「われわれ」の立場を明確にして、「正統的」教理を擁護するものであるが、その「われわれ」とは、やがて「スンナと共同体の民」と自らを呼ぶようになる人びとにほかならない。

アブー・ハニーファによって先鞭をつけられたフィクフのうちの、より純粋に法学にかんする学問が彼の死後、彼がその生涯の大部分を過ごしたクーファを中心に発展したのにたいし、正統教理にかんする議論は、アブー・ハニーフ

▼『フィクフ・アル・アクバル』　同じく『フィクフ・アル・アクバル』と題され伝統的にアブー・ハニーファに帰せられてきた、より長文の著作と区別するため、学界では『フィクフ・アル・アクバルⅠ』と呼ばれる。長文の著作は『フィクフ・アル・アクバルⅡ』と表示される。

▼ハーリジー派　ハワーリジュ派ともいう。がんらいアリーをカリフとして支持したが、アリーがムアーウィアとの和平調停を受け入れたことに反対し、アリーを暗殺した。

▼シーア派　アリーおよびその直系子孫が預言者の権威を受け継いでいると主張する。

▼カダリー派　予定説に反対し、人間の自由意志説を主張。

▼ジャブリー派　カダリーとは逆に、神によって人間に行為が強制されると主張。

▼ジャフミー派　ジャブリーと同様神の予定説を主張。クルアーンにみえる神の属性や擬人的表現を比喩として解釈する。

ァ自身の発言の記録のかたちで、アブー・ムカーティル・アル・サマルカンディー▲、アブー・ムティー・アル・バルヒー▲など主として中央アジアの出身者によって伝えられ、以下にみるようにやがてマートゥリーディー派の神学に受け継がれることになる。

神学

アブー・ハニーファが「異端的」諸派の主張を否定したことからも知られるように、イスラームにおける神学的な議論は極めて早い時期から始まっていたが、論理的弁証による護教論としての神学はヘレニズム▲の影響を受けて発生した。

古くからの通説によれば、古典ギリシアの学芸は、アッバース朝第七代カリフ、マアムーン▲による「知恵の館」の建設を契機にイスラーム世界に流入しはじめたとされている。しかし、近年D・グタスはこの通説を全面的に否定し、アレクサンドロス大王によって奪い去られてギリシアのものとされた古代イランの叡智を復興することをめざしたサーサーン朝ペルシア▲の帝国イデオロギー

▼アブー・ムカーティル・アル・サマルカンディー（八二三没）

▼アブー・ムティー・アル・バルヒー（八一四没）

▼ヘレニズム　がんらいの意味は「ギリシア文化」であるが、アレクサンドロスの東方遠征によって出現したギリシアとオリエントの要素が融合した文化をも意味する。

▼マアムーン（在位八一三〜八三三）

▼サーサーン朝ペルシア（二二四〜六五一年）　現在のイランを中心とする地方を支配した国家。

を、初期のアッバース朝がほとんどそのままに採用したこと、「知恵の館」の原型はサーサーン朝政府の一部局としての図書館であり、アッバース朝はこれをたんに踏襲したのみであって、遅くともマアムーンの父ハールーン・アル・ラシードの時代（七八六～八〇九年）にはすでに存在していた証拠があることなどを指摘した。

さらにグタスは、すでに七八二年ころマアムーンの祖父マフディー▲がネストリウス派▲の総主教ティモテオスにアリストテレスの『トピカ』▲をシリア語からアラビア語に翻訳させたことに注目し、マフディーは異教徒との論争術を教える教材とするため『トピカ』の翻訳を求めたのみならず、自身もその論争術を修得していた事実を指摘している。

従来の通説では、「知恵の館」の設立とそこでのギリシア思想の翻訳の開始、弁証法を会得した最初の神学派であるムウタズィラ学派の隆盛、マアムーンによるその学派の公認と異端審問（ミフナ）が、すべてマアムーンの治世の終りに近いころに同時に展開したとされていた。ムウタズィラ学派の理性主義的傾向が、法判断におけるハディースの優位を主張する「ハディースの徒」にたいし

▼マフディー（在位七七五～七八五）

▼ネストリウス派　イエスの神性と人間性の分離を主張。エフェソスの公会議（四三一年）で異端とされた。

▼『トピカ』　アリストテレスの初期の著作。トピカは「トポス（論拠）にかかわるさまざまなこと」を意味する。アリストテレスはその弁証術をこの書によって確立したとされる。

て個人の理性的判断を重視した「個人的見解の徒」によって先鞭をつけられたものであったことは確かであるが、その体系化にはギリシア哲学からの影響が重大な役割をはたしたこともまた明らかであり、その点でギリシア思想のアッバース朝への流入の開始をムウタズィラ派の隆盛以前に想定するグタスの説は説得的であると思われる。

「神の唯一性」を極端に純化したムウタズィラ派は、神と併存するものいっさいを認めず、神に属性があるとすれば、その属性は神とともに「永遠なるもの」であることになり、それはとりもなおさず複数の「永遠なるもの」を認めること、つまりは多神教に陥ることになるとして、神がその創造物と隔絶していることを示すもの以外の、例えば、「見る者」とか「聞く者」といった人間と共通する神の属性をすべて比喩的に解釈した。彼らはまたその論理の赴くところに従って、クルアーンは神とともに永遠であり、被創造物ではないとする伝統主義者の見解をも拒否した。さらに彼らは、正義は神の本質であり、悪が神に由来することはありえないこと、一方人間は啓示によることなく理性によって善悪を判断する能力をもち、したがって自らの行為を決定する自由意志をもつがゆえに、善悪を問わずその行為のすべてにたいして責任を負うべき存在であることを主張して、予定説を否定した。

ギリシアの学芸に関心を寄せるとともに、王権が宗教を導くというサーサーン朝のイデオロギーの影響を受けていたマアムーンは、ムウタズィラ派の主張を公認し、その死の直前に異端審問(ミフナ)を開始して、伝統主義者、「ハディースの徒」を召喚、弾圧し、ミフナは第一〇代カリフ、ムタワッキルの治世(八四七〜八六一年)の初めまで、およそ一六年間存続した。

政治権力によって採用されたムウタズィラ派の思弁神学にたいする抵抗は、まず伝統主義者のうちからあらわれた。例えば、ハンバル法学派▲の始祖、イブン・ハンバル▲は、鞭打ちや投獄などの弾圧を受けながらも、信徒のなすべきことは、クルアーンとハディースに示された神の命令をそのまま実行することであるとの「ハディースの徒」としての立場を貫徹し、ムウタズィラ派の主張のみならず思弁神学一般をも峻拒《しゅんきょ》した。現在においても、一部の伝統主義者は神学一般を認めない。彼らにとって神学はイスラームには無用のものである。

これとは別に、ムウタズィラ派が主張する神の属性の否定とクルアーンにみ

▼**ハンバル法学派**　スンナ派正統主義の擁護を主張。神学、神秘主義、シーア派などに敵対。

▼**イブン・ハンバル**(七八〇〜八五五)

える神にかんする言及の比喩的解釈には、人間理性に啓示を凌駕する地位を与える危険があることに気づいた者たちは、ムウタズィラ派の論理的弁証の技術を学んだうえで、一方ではムウタズィラ派、他方では神学一般を拒否する頑迷な伝統主義者を論駁《ろんばく》するためにこれを用いようとした。すなわち、のちにスンナ派イスラームの正統神学とみなされるようになるアシュアリー派とマートゥリーディー派の出現である。

アシュアリー派の名祖、アシュアリー▲は、バスラの生まれであり、この町のムウタズィラ派の指導者であったジュッバーイー▲の弟子として名を顕わしたが、やがてムウタズィラ派の主張に疑問をいだいて転向し、晩年はバグダードに赴いてそこで死んだ。彼は、師から学んだ思想との対決をつうじて自らの思想を樹立した人物であるといえる。

一方、マートゥリーディー派の名祖、アブー・マンスール・マートゥリーディー▲は、サマルカンドの内城の北、外城壁の内側のマートゥリード地区の生まれであり、生涯をサマルカンドに過ごした。師説との対決をへて転向したアシュアリーとは異なり、彼は中央アジアに伝えられ精緻にされたアブー・ハニー

▼アシュアリー（八七三／四〜九三五／六）

▼ジュッバーイー（八四九〜九一五）

▼アブー・マンスール・マートゥリーディー（八七三以前〜九四四頃）

ファの教説にもとづきつつ、アシュアリー派とは別の神学を樹立した。ただし、彼の学統が彼の名を冠して呼ばれるようになるのは、その死後一世紀を経過してからである。

「個人的見解」を重視するアブー・ハニーファの立場にのっとったこの神学は、より理性主義的である点でアシュアリー派と異なり、神の諸属性を認める点でムウタズィラ派と異なるように、いわば両派の中間に位置する。信仰とは「心による確信と言葉による確証」であるとして「身体による実行」を信仰の要件から除外すること、「私は信仰者である」と唱えるさいに「もし神が望みたまうなら」という条件文を付加する必要を認めないこと、大罪を犯した信仰者は神の罰を受けるが永遠に地獄にとどまりはしないこと、アシュアリー派と異なるこれらの教条は、以後現代にいたるまで中央アジアのイスラームの正統教義となっている。

教理要綱書の発展

マートゥリーディー派神学の成立と並行して、さきに述べた教理要綱書もさらに精緻なものに発展していった。マートゥリーディーの同時代人であるハーキム・サマルカンディーは、『最大の導師アブー・ハニーファの学派に従う大衆の書と題された異端的見解の持ち主たちにたいする反論』を著し、この著作はサーマーン朝の君主（アミール）であったイスマーイール（八九二〜九〇七年統治）の公的な是認をえた。こうしてハナフィー派の信条はサーマーン朝の公的な教条となり、この著作はサーマーン朝以後も名声を博しつづけ、ペルシア語やテュルク語に翻訳された。アブー・ライス・サマルカンディーが著した『基本信条』と『礼拝序説』はイスラーム世界にあまねく流布し、例えば前者はインドネシアやマレーシアのムスリムのあいだでも広く学ばれ、後者はマムルーク朝のエジプトでも尊重された。

イスタンブルのアヤ・ソフィヤ図書館所蔵（現在はスレイマニエ図書館に移管）の『礼拝序説』の豪華な一写本は、エジプトのマムルーク朝治下でこの書物が極めて重んじられていたことを示唆する。この写本の装飾文様でかざられた表紙には、「導師アブー・ハニーファの学派に従うアブー・アル・ライス・アル・サマルカンディーの序説の書、聖なる土地の君主、スルターン、聖なる王、ア

▼**ハーキム・サマルカンディー**（九五三没）

▼**『最大の導師アブー・ハニーファの学派に従う大衆の書と題された異端的見解の持ち主たちにたいする反論』**　通常『大衆の書』と略称される。

▼**サーマーン朝**（八七三〜九九九年）　ブハラを首都として、マー・ワラー・アンナフルとホラーサーンを支配した王朝。

▼**アブー・ライス・サマルカンディー**（九八三没）

▼**マムルーク朝**（一二五〇〜一五一七年）　中央アジア出身の奴隷軍人（マムルーク）たちが、エジプトに樹立した王朝。

▼**『礼拝序説』写本**　ファクシミリが出版されている。

ブー・アル・ナスル・カーンサウフ・アル・ガウリー——神がその王権を永続させたまいますよう——の宝庫のために」と記され、がんらいマムルーク朝の最後から二代目のスルターンであったカーンサウフの所有物であったことが知られる。カーンサウフは一五一六年、アレッポに近いマルジュ・ダービクでオスマン朝▲のセリム一世と戦って敗死し、オスマンの軍勢はその翌年エジプトを征服した。この写本は、あるいは戦利品の一部としてイスタンブルにもたらされたものかもしれない。

縦三五・五センチ、横二六センチという大判のこの写本のいまひとつの特色は、各葉六行の大きな文字で記されたアラビア語の行間に、これよりはずっと小さな文字でマムルークたちの故地であるキプチャク草原のテュルク語（これをマムルーク・キプチャク語と呼ぶ）による翻訳がはさまれていることである。例えば冒頭の「慈愛あまねく慈悲深き神の御名によりて」は、「私は始めた、神（テングリというテュルク語が用いられる）の名によって。（神は）現世では恩寵《おんちょう》をなす者である、信仰者と不信仰者に。来世では恩寵をなす者である、信仰者に」と訳される。この写本は、キプチャク語の言語資料としてのみならず、こ

▼オスマン朝（一二九九〜一九二二年）十三世紀末にアナトリアの西部に出現したトルコ系王朝。十六世紀にはアジア、ヨーロッパ、アフリカの三大陸にまたがる大帝国となった。

マムルーク朝スルターン、カーンサウフのためにつくられた『礼拝序説』の写本の表紙

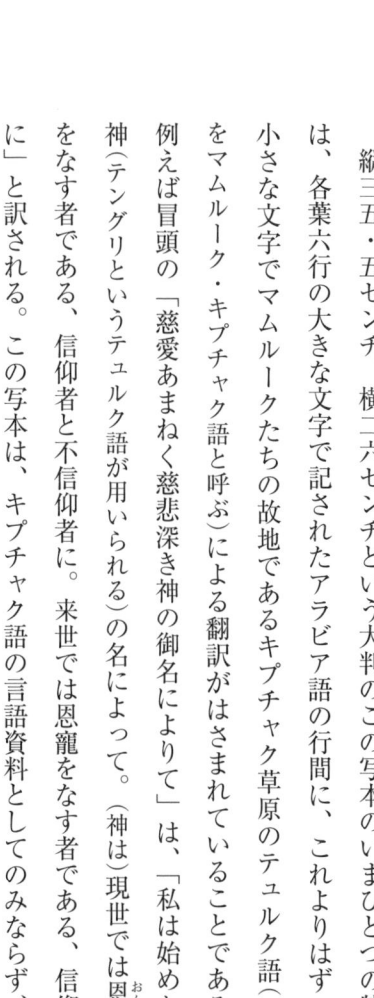

の言語の話者たちがアラビア語の教条をいかに理解していたかを示す宗教史の史料としても重要であることが知られよう。

　中央アジアで執筆されたこうした教理要綱書のうち、後世にいたるまでもっとも広く流布しかつ尊重されたのは、ナジュム・アル・ディーン・ナサフィー▲の『ナサフィーの教条』である。著者ナサフィーは、サマルカンドの南西、カシュカ川にそったナサフ出身であり、生涯をサマルカンドの周辺で過ごした。サアド・アル・ディーン・タフターザーニー▲による注釈をともなったその『教条』は、マートゥリーディー派の教義の決定版であり、スンナ派すべての尊重するところとなった。

　イスタンブル生まれのアルメニア人で、オスマン帝国の事情につうじたムラジャ・ドーソン▲は、スウェーデン国王に献呈した『オスマン帝国総覧』の第一巻（一七八八年刊）のほとんどを『ナサフィーの教条』の翻訳とその解説にあてた。彼が『教条』を帝国の「宗教法規」と称している事実は、オスマン帝国において『教条』がもった権威が非ムスリムにも看取されていたことを物語る。事実タフターザーニー注の『教条』はオスマン帝国の教育機関で教授されたも

▼ナジュム・アル・ディーン・ナサフィー（一〇六八～一一四二）

▼サアド・アル・ディーン・タフターザーニー（一三二二～九〇）

▼ムラジャ・ドーソン（生没年不詳）　著名な『モンゴル人の歴史』の著者であるコンスタンタンの父。

っとも基本的な文献のひとつであった。

一方、はるか東方の東トルキスタンでも、『教条』の権威は広く浸透しており、清《シン》朝征服後の十九世紀の前半に現地の支配者（清朝から民政を委ねられた行政官）のひとりが『教条』のテュルク語への翻訳を命じたことが知られている。

哲学

さきにも述べたように（一六頁参照）、アレクサンドロスによって奪い去られたとされる古代の叡智をふたたび収集することはサーサーン朝の帝国イデオロギーの一部であり、なかでもホスロウ一世アヌーシルワーン▲はその熱心な信奉者であった。時あたかも五二九年、東ローマ帝国皇帝ユスティニアヌスは、プラトンのアカデメイア▲の系譜に連なるアテネの「異教」の学園の閉鎖を命じ、新プラトン主義を奉ずる哲学者たちのうちには迫害を逃れて東方に向かった者があった。北部メソポタミア（現在はトルコ領）のハッラーンにおける「ギリシア人」の学校の設立は、彼らのこの地への移住と関係があるとされている。ハッラーンの東のニシビスには、これ以前からネストリウス派に属する「ペルシ

▼ホスロウ一世アヌーシルワーン（在位五三一〜五七八）

▼アカデメイア　プラトンが創立した学問所。アカデミーの語源。

ア人」の学校が存在しており、これら二つの学校はいずれもサーサーン朝の庇護のもとにあって、三位《さんみ》一体《いったい》論▲一辺倒になったビザンツ▲が排斥したヘレニズムの学術を擁護していた。

異教徒でありつづけた哲学者たちはいうまでもなく哲学全般を研究し、一方コンスタンティノープル（のちのイスタンブル）から追放されたネストリウス派など「異端」の神学者は、その神学論議を精緻にするためアリストテレスの論理学の諸著作（オルガノン）を熱心に学んでいた。ニシビスの学校で学んだ確証はないが、「ペルシア人」パウロはクテシフォンの宮廷に滞在し、ホスロウ一世のためにポルフュリオスの『イサゴーゲー』、オルガノンのうち『カテゴリー論』『命題論』『分析論前書』をまとめてシリア語に翻訳▲した（ただし、『分析論前書』は抄訳）。最終的には十世紀に編纂されたパフラヴィー語▲の百科全書的な書物である『デーンカルト』が伝えるホスロウの言をみると、彼はアヴェスター▲の啓示以外の道によっても真理に到達する可能性を認めていたと思われる。

ギリシア哲学からマズダ教（ゾロアスター教）へ、そしてさらにそこからのイスラームへの影響関係は、具体的には証明しがたい。しかし、神の正義と人間

▼三位一体論　父なる神と神の子キリストと精霊は唯一の神の三つの位格（ペルソナ）であるとする説。

▼ビザンツ　東ローマ帝国の別称。ローマ帝国の東西分裂により三九五年に成立。

▼パウロの翻訳事業　ホスロウへの献辞は、「あらゆる事物にかんする真の知識である哲学はすでにあなたのうちにあります。そして私があなたに贈呈しようとするものはこの哲学なのです」という文章で始められている。アヴェスターの啓示（パフラヴィー語でdēn）は人間の生得の知恵と一致するとのマズダ教の立場からは、パウロのこの言葉を理解することは容易であったろう。

▼パフラヴィー語　サーサーン朝でおこなわれた中世ペルシア語。

▼アヴェスター　ゾロアスター教の聖典。

の自由意志を認めることにおいて、マズダ教とムウタズィラ派が明白な一致を示すこと、しかもその一致が、「あらゆるウンマにマゴス（マズダ教の祭司）がいる。わがウンマのマゴスは、定命《ていめい》（カダル）は存在しないという者どもである」というイブン・ハンバルの伝えるハディースが存在することからも明らかなように、伝統主義者によってそれとして認識され、非難の対象にされていたことは確認される。

したがって、ギリシア哲学、マズダ教、ムウタズィラ派三者のあいだに、たんなる偶然の類似以上のものが存在した可能性は考慮に値する問題である。ホラーサーンのメルヴは、サーサーン朝の宗教文化の中心地のひとつであり、その伝統はアッバース朝成立ののちまで生きつづけていた形跡が確認されている。ペルシア人女性を母とするマアムーンが父から総督に任じられて以来、奪権によってカリフになったあとも含めて長期にわたってメルヴにとどまりつづけていたことと、彼がヘレニズム学芸のアラビア語への翻訳を援助し、同時にムウタズィラ派の神学を国家公認の思想としたことは無関係ではありえまい。

いずれにせよマアムーンを筆頭とする権力者と有力者の庇護のもとで、キリ

▼**ウンマ**　もろもろの人間共同体。ムハンマドが遣わされた共同体が、ムハンマドのウンマ、すなわちイスラーム共同体である。

▼**定命**（カダル）　人間に与えられる神の予定・決定。

スト教、文学、歴史にかんするものを除き、入手可能であったギリシア語文献のほとんどすべてが、八世紀半ばから十世紀末にかけて、とりわけ九世紀のうちにアラビア語に翻訳され、この翻訳活動に関与した者のうちから最初のイスラームの哲学者が出現した。キンディー▲である。アラブのキンダ族の出身である彼はギリシア語もシリア語も解さなかったが哲学書の訳文の校訂にかかわり、マアムーンとその子ムウタスィムの信頼をえて王子の教育を委ねられていた。しかし、カリフ、ムタワッキルがムウタズィラ派の公認を取り消すとともに、宮廷の寵を失い不遇のうちに死去したといわれる。キンディーはイスラーム最初の哲学者として著名であるが、その著作の多くは失われ、その学統は伝わらなかった。これと比して、後世により大きな影響を与えたのは、中央アジア出身の二人の哲学者である。

ファーラービー▲は、シル川中流域のファーラーブ（のちのオトラル）地方のワスィージュに生まれた。祖父の名タルハン、曾祖父の名ウズルグはテュルク語であり、少なくともファーラービーの父方がテュルク系であったことは確実である。彼の師はアレクサンドリアに伝えられたギリシア哲学の学統に連なるメ

▼キンディー（八〇一頃〜八六六頃）

▼ファーラービー（九五〇没）

▼イブン・スィーナー（九八〇～一〇三七）

ルヴのネストリウス派キリスト教徒ユハンナーという人物であり、ファーラービーが哲学への手ほどきを受けたのはメルヴにおいてであった可能性が高い。が、知られるかぎりでは、その活動の舞台はバグダードであり、終焉《しゅうえん》の地はシリアのダマスクスであった。主著である『有徳都市の住民がもつ見解の諸原理』のほか、彼の業績は論理学、自然学、形而上学、倫理学、音楽にまでおよび、彼の名に帰せられる著作の総数は優に百をこえるが、そのうちの相当数は別人の手になるものである。彼の同時代と後世に与えた影響は大きく、「第一の師」アリストテレスにつぐ「第二の師」と称された。

　ラテン語名のアヴィセンナで知られるイブン・スィーナー▲は、ブハラ近郊の村アフシャナにサーマーン朝の官僚の息子として生まれた。彼の自伝（その弟子の一人によって書き継がれた）によると、彼は子どものときから驚異的な知力と記憶力の持ち主で、十四歳にしてすでに教師たちを凌駕したという。わずか十六歳で幾人もの医師を指導しホラーサーンのアミールの病を癒したイブン・スィーナーは、サーマーン朝の宮廷図書館での勉学を許された。ヌーフ・ビン・マンスールの治世（九七六～九九七年）のことである。その図書館について彼は記している。

私はいくつもの部屋のある建物にはいった。それぞれの部屋には書物のはいった長持ちが積み重ねられていた。ある部屋にはアラビア語〔文法〕の書物と詩の書物、別の部屋には法学にかんする書物といった具合に、各部屋はそれぞれひとつの学問分野の書物があった。私は古えの著者の書物の目録を読み、私が必要とする書物を探した。私は多くの人にはその名さえ知られていない書物を見た。私はこれよりさきにもあとにもこれほどの蔵書は見たことがない。私はこれらの書物を読み、それらから学んだ。

著名な人名辞典『貴顕たちの伝記』の著者イブン・ハッリカーン▲はこれと同様のことを記した(ただし、主語を三人称にして)のちに、この図書館はその後まもなくして火災にあって全焼し、知識の独占をはかったイブン・スィーナーによる放火であると噂されたと付け加えている。こうした噂がささやかれたことじたい、彼が余人のおよばぬ卓越した学識の持ち主であると認められていたことの証拠である。彼の業績は、その時代に存在したあらゆる分野の学問をおおい、ある専門家によればその著作の総数は疑問の余地を残すものを含め二七六、

▼イブン・ハッリカーン(一二一一～八二)

また別の研究者は確実なもの一三一、疑わしいもの一一〇という数字をあげている。

イブン・スィーナーは哲学者、自然科学者、数学者、詩人、音楽学者であり、かつ高名な医者でありまた優れた経世家でもあったから、サーマーン朝滅亡後、多くの地方政権の権力者たちは彼を自らに仕えさせようと誘拐を試みるほどであった。彼はときには医者としてまた宰相として出仕し、ときには監禁や逃亡生活の憂き目に遭うという状況のなかで著述を継続し、弟子を教育した。『治癒の書』と『救済の書』に代表される彼の哲学は、アリストテレス哲学と新プラトン主義を可能なかぎり矛盾なくイスラームの教義に接合することによって、まさしくイスラームの哲学になったのである。

しかし、イスラームに伝えられた哲学は、西洋のスコラ哲学▲とは異なって、もろもろの学問の中心の位置を占めることはなかった。ガザーリー▲のような神学者が哲学を批判したばかりでなく、伝統主義者やのちに述べる神秘主義者たち（第三章参照）は、哲学と神学をひとまとめに批判、否定した。十二世紀のある神秘主義者は「治癒〔の書〕は病の源、救済〔の書〕は奴隷状態の源」と揶揄《やゆ》し

▼スコラ哲学　中世ヨーロッパでおこなわれた、アリストテレスの論理学にのっとってキリスト教の教義を理性的に弁証しようとする哲学。

▼ガザーリー（一〇五八〜一一一一）ホラーサーンの生まれ。法学を学んでバグダードのニザーミーヤ学院の教授となったが、回心して神秘主義者となった。

たほどである。ただし、イスラームに伝えられたアリストテレスの哲学はすでに新プラトン主義的な解釈をへたものであったため、神秘主義と無縁ではなく、後述するようにイブン・スィーナー自身も神秘主義にかんする著作をおこなっている。神秘主義のなかからもイブン・アラビー▲のそれのように、哲学を吸収した神秘哲学（ヒクマ）が出現した。

哲学はほとんどつねにイスラーム社会のマージナルな存在であり、これにたいしていっさいの思弁を否定する反知性主義的伝統はよりいっそう強固であった。その意味で、九世紀から十一世紀は知性主義が優勢であった例外的な時期といえるであろう。この時期には数学、天文学などの発達も著しく、中央アジアからは、マアムーンに仕えたフワーラズミー▲に始まりイブン・スィーナーの同時代人であったビールーニー▲にいたる数多くの学者が輩出した。

社会的背景

イスラーム社会における知的活動が、九世紀の半ばから急速な進展を示した背景にはなにがあったのか。まず、当然ながら知的活動を担う人びとが出現し

▼**イブン・アラビー**（一一六五～一二四〇）　アンダルスのムルシアの生まれ。存在一性論を唱えて、以後の神秘主義に大きな影響を与えた。ダマスクスで死去。

▼**フワーラズミー**（生没年不詳）　数学者、天文学者。アルゴリズムという言葉は、彼のラテン語名に由来する。

▼**ビールーニー**（九七三～一〇五〇以後）　ホラズム地方の生まれ。天文学、数学、鉱物学、暦法などにつうじた百科事典的学者。イブン・スィーナーと交渉があった。ガズナ朝に仕え、マスウードのインド遠征に同行して、『インド誌』を書いた。

たことをあげねばならない。彼らはある特定の出身階層、もしくは階級に属していたわけではないが、この時期に知的活動に専念する人びと、すなわち知識階級と呼びうるものが相当の規模であらわれたことは明白である。知的活動という手段によって生活を維持することを彼らに許したものは、まずアッバース朝、ついで中央アジアではサーマーン朝の経済的繁栄であった。

　アラブの地理学者たちの伝えるところでは、サーマーン朝がオアシス農民、手工業者、商人から徴収する税の総額はおよそ四五〇〇万ディルハム▲に達し、その半分近くが軍隊と官僚組織の維持のために支出されていた。サーマーン朝はこれ以外にも、テュルク系奴隷兵の輸出という重要な財源を有していたから、その国庫には莫大な財が蓄積されていたと考えられる。さきに述べたイブン・スィーナーが利用を許された膨大な蔵書を有する宮廷図書館は、こうした富の蓄積の結果(おそらくはその一部)にほかならない。

　イスラーム社会におけるウラマー▲階層の成立にかんしてはさまざまな議論があり、その原因をアッバース朝の経済的繁栄にのみ求めることはできない。しかし、それがおそらくはさまざまな要因のうちのひとつ(しかも不可欠なひとつ)

▼ディルハム　銀貨。重量と品位は地域によって大きく異なった。

▼ウラマー　アーリム(学者)の複数形。狭義では法学者の意味。

▼タラス河畔の戦い　高仙芝（こうせんし）の率いる唐の軍勢が、成立後まのないアッバース朝軍に大敗した戦闘。

であったとはいえるであろう。

ハディースの編纂やヘレニズム学芸のアラビア語への翻訳が頂点に達した九世紀は、たしかにイスラーム文化の飛躍の時期であり、その飛躍は経済的繁栄を含むさまざまな要因の複合がもたらしたものであることは疑いない。

そして、製紙法のイスラーム社会への伝播《でんぱ》がその要因のひとつであることもまた確実である。七五一年のタラス河畔の戦い▲で捕虜となった中国人のなかに製紙法を知る者がいたという記述がイスラーム史料にあらわれるのは早くとも十世紀になってからであり、タラスの戦いの捕虜による伝播というあまねく知られた話の真偽については議論の余地がある。しかしその発端がなんであれ、八世紀の後半にまずサマルカンドで製紙が始められ、ついで同じ世紀の末にはバグダードに製紙工房がつくられたことは疑いない。

この時期に製紙法が伝播したことは正しく文化革命と呼びうる事態を引き起こすことになった。アブー・ハニーファの時代とは異なって著述をおこなうことがいわば日常化し、著作はただちに手写されて広く流布することになったのである。各地の都市には書肆《しょし》が出現し、その業者（ワッラーク）の多くは文人でもあって、自身著作を遺《のこ》した者もあった。十世紀のバグダードで活躍したイブン・ナディーム▲はそうしたワッラークのひとりであり、彼が九八七年に編纂した『目録』には、当時存在した書籍にかんする情報のみならず、紙や筆記具の種類や、収書家と書肆の活動などにかんする情報も記載されている。九世紀末のバグダードには、写本の製作を業とする工房がすでに一〇〇カ所以上存在していた。ホラーサーンやマー・ワラー・アンナフルの主要都市でもワッラークの存在が伝えられている。

▼イブン・ナディーム（生没年不詳）

▼**テュルク人**　テュルク系言語の話者。現在のトルコ共和国およびオスマン朝のトルコと区別して、アナトリア以外の地域のこの系統に属する諸言語をテュルク語、その話者をテュルク人と呼ぶ。

▼**バルトリド**(一八六九〜一九三〇)

②―イスラームの伝播

遊牧民のイスラーム受容

テュルク人によるイスラームの受容は十世紀に始まるが、その経緯は十分には明らかではない。ロシアの東洋学者バルトリド以来、草原の奥深くまで活動を展開したムスリム商人と彼らの隊商に同行したイスラーム神秘主義修行者、すなわちスーフィーがテュルク人の改宗にはたした役割が重要視されてきた。ときに奇跡を演じる(もしくは演じるとみなされた)スーフィーは遊牧民のシャーマンにいくぶんか類似し、それゆえ遊牧民は、神学者や法学者より彼らを容易に受け入れたと考えられたからである。

たしかに、より後代、すなわちモンゴル時代以降の改宗譚には、スーフィーがシャーマンと思しい者と奇跡を競い、これを打ち負かして君主の帰依を獲得するという類の物語がしばしばみられるようになるが、テュルク人の改宗にかんする同時代的な史料のうちには、こうした要素は極めて希薄である。バルトリドの「シャイフ(神秘主義の指導者)やその他のイスラーム神秘主義の代表者は、〔法学者より〕はるかに多くの影響力をもっていた」という判断は、この文章に続く十九世紀末に彼が目撃した「そして、現在もなお草原において数多くの帰依者をもっている」という状況に強く影響されていると思われ、十世紀のテュルク人は、より「正統的」な宣教に従って改宗した可能性が指摘されている。

ただそのさい、宣教者たちは、「ムスリムであること」の内実を可能なかぎりゆるやかに解釈して、テュルク人をイスラームへ誘おうとしていた。すなわち、さきに言及したアブー・ムティー・アル・バルヒーの著書『フィクフ・アル・アブサト』には、「多神教の土地に住んでいて、イスラームの基本を知っている者は、〔宗教の〕義務やクルアーンを〔具体的に〕知らずとも、すでに信徒である」とのアブー・ハニーファの言葉が記録されているが、アラブ文字では「多神教」(shirk)という語は「テュルク」(turk)と形態が似ているために「多神教の土地」が「テュルク人の土地」と誤写され、しかもこの誤写されたかたちが広く流通していた形跡が認められている。このことは、宣教者にとっては、テュルク人がともかくもムスリムになったと承認することが、第一の重要事であったことを物語っている。
　しかし、ひとたび改宗をへると、イスラームの教義は少なくとも知識人のあいだでは速やかに定着した。カラハン朝▲によるイスラーム受容のほぼ一世紀後の一〇六九年にユースフ・ハース・ハージブ▲によってテュルク語の韻文で著された、君主のための教訓書である『クタドゥグ・ビリグ』には、後代盛んになる奇跡譚はもとより改宗にかんする物語もみえないが、その著者が、クルアーン、ハディースのみならず神秘主義文献をよく咀嚼《そしゃく》していたことを示す多くの詩句が含まれている。一例をあげよう。

　人馬の軍勢もてこの不信者の敵を打ち砕け。
汝、清らに神に力と援助を乞え。
この不信者にたいし、人馬の軍勢と武器を取れ。
不信者〔との戦い〕に倒れ死しても死者ではない。
その家と財を焼き、その仏像を倒せ。
その場所を会衆のためのモスクとなせ。
その息子、娘を捕虜として、奴隷、奴婢とせよ。

▼カラハン朝（九四〇頃〜一二一二年頃）　イスラームを最初に受容したテュルク系王朝。

▼ユースフ・ハース・ハージブ（生没年不詳）

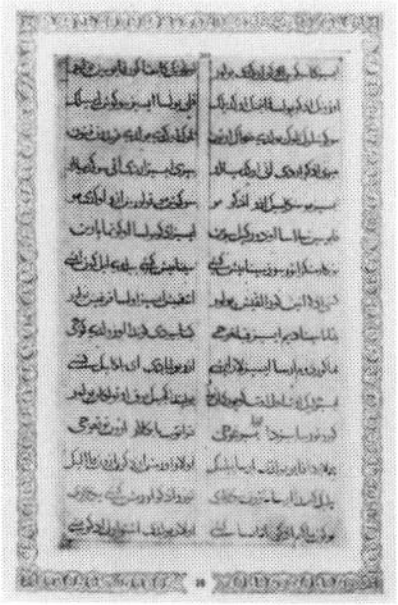

『クタドゥグ・ビリグ』

　そこで汝の取りたるものを財庫に容れよ。
　イスラームを開き、シャリーア〔イスラーム法〕を広めよ。
　〔かくすれば、〕汝の名は高まり、汝自身も良きものとなる。
　〔しかし、〕ムスリムには向かうな。手を出してはならぬ。
　王よ、〔かくすれば〕神〔テングリ〕が彼の敵となる。
　ムスリムはムスリムと兄弟たれ。
　兄弟と争うな。尊重して仲良くせよ。

引用にみえる王への助言のうち「不信者〔との戦い〕に倒れ死しても死者ではない」という句が、クルアーン三章一六九節「アッラーの御為に殺された人たちを決して死んだものと思ってはならないぞ」を、「ムスリムはムスリムと兄弟たれ」が「ムスリムはムスリムの兄弟である」もしくはこれと類似の「信徒は信徒の兄弟である」というハディースをそれぞれ典拠とすることは明白である。改宗からほぼ一世紀をへて、イスラームにかんする知識はすでに深く根ざしていたのである。

『クタドゥグ・ビリグ』は、十世紀の半ばにイスラームを受け入れていたカ

▼**突厥**(五五二〜七四四年)　最初のテュルク系遊牧国家。最盛期にはモンゴル高原から黒海沿岸までを支配した。

ラハン朝の一君主に献呈された書物である。その出自が、突厥《とっくつ》▲の支配氏族阿史《あし》那《な》につながるのではないかとも推察されるカラハンの君主は、ハーカーンすなわちカガンを自らの称号とし、領域を東西に二分する古代の遊牧国家以来の伝統を踏襲していたことで知られている。イスラーム受容以前の七三二年に刻された突厥碑文のよく知られた一文にみえるように、遊牧国家の君主の責務は、定住地帯への略奪行を含むあらゆる手段で、「死にかけた民を生き返らせ食べさせ、裸の民に服を着せ、貧しい民を富ませる」ことであった。『クタドゥグ・ビリグ』の忠言は、同じことをイスラームの名において勧奨しているのである。「イスラームを開く」という表現は、後代にも広く使用され、具体的には不信者を一掃し、イスラームの領域を拡大することを意味する。

　イスラームの教えは、草原の君主たちに定住地帯への侵略のための新たなイデオロギーを供給し、草原の戦士はそのまま異教徒と戦う信仰戦士(ガーズィー)に変身した。イスラームの戒律が草原の遊牧民の生活に適合的ではなかったとしても、その教えの少なくとも一部は、彼らの侵略行動に極めて適合的であったといいうる。神秘主義者の奇跡より、法学者が説いたこの聖戦のイデオロギーこそがテュルク人にイスラームを受容させるうえで、より大きな役割をはたした可能性はあらためて検討する必要があろう。

カラハン朝の支配とイスラーム

これに先だち、テュルク系の遊牧民出身者は、奴隷兵(マムルーク)としてサーマーン朝の主要な軍事力を担い、そのうちには地方の総督に任じられた者もあった。彼らテュルク系奴隷軍人の派閥争いがサーマーン朝の弱体化の一因であったが、比較的長期におよんだ接触の結果、イスラームを受容したテュルク人はマー・ワラー・アンナフルの定住社会にとって特別に異質な存在ではなくなりつつあった。九九九年にカラハン朝のナスル・ビン・アリー▲の軍勢がブハラに迫ったとき、サーマーン朝の君主がテュルク人への抵抗を呼びかけたにもかかわらず、ある法学者は、彼らテュルク人もムスリムである以上統治の権利をもっているといい、ブハラの住民は、戦いが現世の富をめぐるものである場合、ムスリムにはわざわざ殺されにいく義務はないとして、いっさいの抵抗をおこなわなかったと伝えられている。

▼**ナスル・ビン・アリー**(生没年不詳)

イスラームを受容してのちもカラハン朝は遊牧的な支配体制を維持しつづけた。突厥と同様に東西に二人のカガンがあり、東方のアルスラン・カラ・カガン(アルスランは獅子の意)が大カガン、西方のボグラ・カラ・カガン(ボグラは雄駱駝《らくだ》の意)が小カガン、彼らのもとに、アルスラン・イリグ、ボグラ・イリグ、アルスラン・テギン、ボグラ・テギンの四人の下級君主が配されたばかりでなく、王族はそれぞれ支配地を与えられた。こうした領土の細分化は、それぞれの所領の中心となる町の発展を促し、これらの町におけるハナフィー派のウラマーの社会的な地位を上昇させる結果となった。

サーマーン朝は完全な中央集権国家ではなく、その版図のうちには多くの地方領主が存在していたが、首都のサマルカンドには宰相(ワズィール)府をはじめとする行政部局が設置され、行政を担う書記官僚(ウダバー)が社会的な高位を占めていた。一方さきに述べたように、ハナフィー・マートゥリーディー派のウラマーたちは宗教指導者としての権威をもっていたが、いまだ政治的な権力を手中にしてはいなかった。しかし、カラハン朝に占領された諸都市において以前の行政組織が解体され一種の権力の空白状態が出現した結果、ウラマーがこの空白をうめることになった。

草原からやってきて都市の事情に不案内であったカラハン朝の君主たちにとっても、少なくとも当初は、自前の行政組織を編成するより適当な代理人を見つけるほうが好ましかったと思われる。君主たちは各都市のカーディー▲を任命し、彼らが都市における自らの権益の代理人になることを期待した。カーディーのなかにはこの期待にこたえて王家の権益を擁護し、そのためにかえって都市住民の利益保護をめざすほかのウラマーたちと衝突を繰り返す者もあったが、ウラマー階層は都市住民の代表としての役割をはたしていた。多くのウラマーが輩出したなかで、さきに名をあげた『教条』の著者、ナジュム・アル・ディーン・ナサフィーは、ムフティー▲としても著名でサマルカンドの都市生活にかんして具体的な情報源となる数多くのファトワー（法学的裁定）を遺し、同じくナサフ出身のアブー・アル・ムイーン▲はマートゥリーディー派の神学を体系化した。

カラハン朝が衰退するにつれ、彼らウラマーたちの権威と権力は逆に増大し、カラ・キタイ▲の中央アジア征服もこの傾向に変化をもたらさなかった。カラ・

▼カーディー　統治者からの権限の委託にもとづいて、裁判などの手段によるイスラーム法の実生活への適用を職務とする者。

▼ムフティー　具体的な事案についての質問にたいして、法学上の裁定（ファトワー）をくだす職能を有する法学者。

▼アブー・アル・ムイーン（一一一四没）

▼カラ・キタイ（一一三二〜一二一一年）　遼の滅亡直前に中央アジアへ逃れた耶律大石（やりつたいせき）が建国した国家。

▼**遼**（九一六～一一二五年）　モンゴル系の契丹（きったん）の耶律阿保機（やりつあぼき）が東部モンゴルに建てた国家。

キタイは、カラハン朝の草原における中心であったバラサグン地域をこそ直轄領としたが、それ以外の地域については前王朝の地域支配者であるマリク（王）やオアシス都市のサドル（最高位の法官）をつうじた間接支配をおこなうにとどめた。法官は実質的な政治支配者となり、例えば代々ブルハーン・アル・ディーン（宗教のあかし）という称号を名乗ったブルハーン家は、カラハン朝の末期からモンゴル征服の時期にいたるまで、六世代一〇人がサドルの地位を世襲してブハラを支配した。

カラ・キタイの王家が奉じた宗教は伝統的民族宗教と遼《りょう》▲以来の仏教であってイスラームに改宗することはなかったが、彼らはあらゆる宗教にたいして寛容であった。バラサグンの遺跡から発見された墓石のひとつは、一一九四／五年に死去したアフマドなる人物のもので、墓誌には「イスラームとムスリムの長老、東方とシナのムフティー」と記されており、カラ・キタイ時代のバラサグンがイスラーム世界の東方における一中心地であったことを示唆している。カラ・キタイは墓廟《ぼびょう》やモスクなどの宗教的建造物を破壊することなく、新たな建築もおこなわれた。例えば、ブハラ・オアシスのヴァブケントの三九メートル

●——**アフマドの墓標**　彼がハーッジ（メッカ巡礼をはたした人）であったことも記されている。

●——**ヴァブケントのミナレット**

の高さを誇るミナレットは一一九八／九年に完成されている。

　十二世紀のファルガーナからは二人の著名な法学者がでた。カーディー・ハーンとブルハーン・アル・ディーン・マルギーナーニーである。前者の『ファトワー集』は、その表題とは異なり実用的なフィクフの書で、インドや中国のムスリムのあいだで尊重された。マルギーナーニーの『ヒダーヤ』は、ハナフィー派法学の集大成であり、後代に著されたそのさまざまな注釈書と要約書とともに、中国からトルコにいたるハナフィー派イスラーム世界において最高の権威ある法学書としての地位を占めつづけて現在にいたっている。

神話的起源のイスラーム化

　古代イランの歴史の記憶は、とくにホラーサーンの在地有力者のあいだに保持されており、この地方のトゥースの出身であるフィルダウスィーによって、一大民族叙事詩『シャー・ナーメ』として書きとどめられた。一方、北方の草原に出自した遊牧民の神話や歴史的記憶もまた、イスラームの外衣をまとって生きつづけた。十世紀に始まる大移動によって、草原から中央アジアのオアシ

▼**カーディー・ハーン**（一一九六没）

▼**ブルハーン・アル・ディーン・マルギーナーニー**（一一九七没）

▼**フィルダウスィー**（九三四〜一〇二五）

ス地帯へ、そしてさらに西方へと移動した遊牧民の主力は、テュルクと総称される「民族」のうちのオグズという「集団」に属する者たちであった。この集団の名祖がオグズ・カガンである。一三〇〇年ころに記されたとされるその伝説▲には、イスラームのみならず、その他の中央アジアに伝播《でんぱ》したいかなる宗教の影響も認められない。写本は始めと終わりの部分を欠いており、現存する部分の記述は以下のように始まる。

……あれかし、と〔人びとは?〕言った。その似姿はこのようである。〔写本には雄牛のスケッチが挿入されている〕かくして、その後〔人びとは〕喜びを見出した。そしてある日、アイ・カガンの眼が輝いて、▲男の子が生まれた。この男の子の顔は蒼く、口は炎の赤、眼は深紅、髪と眉は黒かった。きれいな妖精たちより美しかった。この男の子は、母の乳房から初乳を飲んだが、それ以上は飲まず、生肉の食事〔と〕葡萄酒を求めた。話しはじめた。四〇日後、大きくなり、歩み、遊んだ。その脚は雄牛の脚のよう、腰は狼の腰のよう、肩は黒貂《てん》の肩のよう、胸は熊の胸のようであった。全身はびっしりと毛に被われていた。畜群を飼い、馬に乗り、鹿を狩っていた。

▼オグズの伝説　P・ペリオは、この伝説をウイグル文字で記した現存する唯一の写本であるフランス国立図書館蔵の写本について、モンゴル語からの借用語がみられること、明代に北京で製作された『高昌館訳語』に収録された語彙が数多くあらわれること、「キルギズ語」(ここでペリオがキルギズ語と呼んでいるものは、テュルク諸語のうちの中央グループ方言を指すものと思われる)の音韻特徴を示す語が存在することを根拠に、その原本は一三〇〇年ころトゥルファンで作成され、写本じたいは十五世紀中に「キルギズの土地」で書写されたものであると結論した(Paul Pelliot, Sur la légende d'Oguz Khan enériture ouigoure, *T'oung Pao*, vol. 27, 1930, p.358)。

▼アイ・カガンの眼の輝き　女性にカガンという称号は不可解であるが、アイ・カガンはオグズの母である。妊娠中の女性の眼が輝くことは、男子誕生の予兆とされた可能性が高い。

日々ののち、夜々ののち、若者になった。

成人したオグズは、まず一角獣(qiat)を退治する。ある日、神に祈っていると、天空から光が下り、そのなかに美女を見つける。オグズは彼女と契りを結び、太陽、月、星と名づける三子が誕生する。さらに、オグズは木の洞《ほら》のなかにいる娘を見つけ、彼女から天空、山、海の三子をえる。大宴会を開いたあと、オグズは人びとに「われは、汝らのカガンになった」と宣言し、右のほうにいたアルトゥン・カガンと友好を結び、左のほうのウルム(ルーム、すなわちアナトリア)のカガンを攻める。ついでウルス(ルーシ)、サクラプ(スラヴ)、マサル(ミスルの転訛、すなわちエジプト)、シァーム(シリア)、シンド(インド)、タングト(西夏)、ジュルジド(女真)を征服する。

オグズの家臣である老人が見た夢に従って、上の三子を夜明けの方角へ、下の三子を夜の方角へ狩に行かせる。狩の途上、上の息子たちは黄金の弓、下の息子たちは銀の矢三本をえる。オグズは弓を三つに割って(üc bozguluq qildi)上の息子たちに、三本の矢(üc oq)はそれぞれ下の息子たちに与える。オグズが開催したクリルタイで、上の三子(bozuqlar)は右側に、下の三子(ücoqlar)は左に坐す。オグズは息子たちに領土を分配し、韻文の遺言を述べる。

以上が、この伝説の梗概《こうがい》である。神話的な要素が色濃く認められることは、この伝説の起源がはるか遠い時代に遡ることを示しているが、一方でオグズの征服譚にはモンゴルの大征服が反映されており、伝説のこのかたちでの成立が、モンゴル時代以前に遡る可能性は皆無である。ボズクとウチョクというオグズ部族の両翼の名がここにあらわれることに注意しておきたい。

さて、この伝説がウイグル文字▲で記されたのとほぼ同時期に作成された著名なラシードゥッディーン▲の『集史』▲は、その冒頭にオグズ・カガン伝説の「イスラーム版」をおいている。こちらでは、オグズはセム的一神教に共通する人類史の枠組みのなかに取り込まれて、ノアの息子ヤフェトの孫であるカラ・ハーンの息子とされる。

> 彼(カラ・ハーン)にひとりの息子が誕生した。三日三晩、母の乳房を執らず、乳を飲まなかった。そのため母は泣き懇願した。毎夜、この子どもが彼女に「わが母よ、あなたが神の崇拝者になり神を愛する者となるなら、私はあなたの乳を飲もう」と告げる夢を見た。この女性は、彼女の夫と民

▼ウイグル文字　ソグド文字に由来する。はじめはソグド文字と同じく右横書きであったが、やがて九〇度回転して左縦書きになった。モンゴル文字、マンシュー文字はこの文字の系統に属する。

▼ラシードゥッディーン（一二四九／五〇〜一三一八）

▼『集史』　ラシードゥッディーンはイル・ハーン朝後期の宰相。『集史』第一巻モンゴル史は一三〇六年以前に完成。

のすべてが不信者であったために、もし神への崇拝をあかせば、彼らは子どもともども彼女を殺すであろうと恐れた。〔そこで〕彼女は、完全な贖《あがな》いをもって密かに神に信仰を捧げ、至大至高の神を愛する者となった。彼の子どもは母の乳房を執り、乳を飲んだ。一年がたって、彼は大変清らかで美しい姿になった。〔正しい教えへの〕教導の徴が彼の顔から輝き、この美質を見た父親は、「このような姿形の男の子が、わが民のうちから生まれたことはない」といった。

『集史』には、超自然的存在である娘たちとの婚姻譚はみえず、かわりにオグズの三人の叔父の娘たちが登場する。最初の二人は、オグズから勧められた神への信仰を拒否して遠ざけられるが、最後の一人はオグズに従うことを誓って受け入れられる。オグズが狩にでかけたあいだに、彼の父カラ・ハーンはオグズに遠ざけられた姪たちから、オグズが新たな信仰をいだいていることを聞き、息子を殺害するために軍を催す。オグズはこれと戦って、父と叔父たちを倒す。

ついで物語はオグズの征服へと移るが、その内容には写本の系統により大き

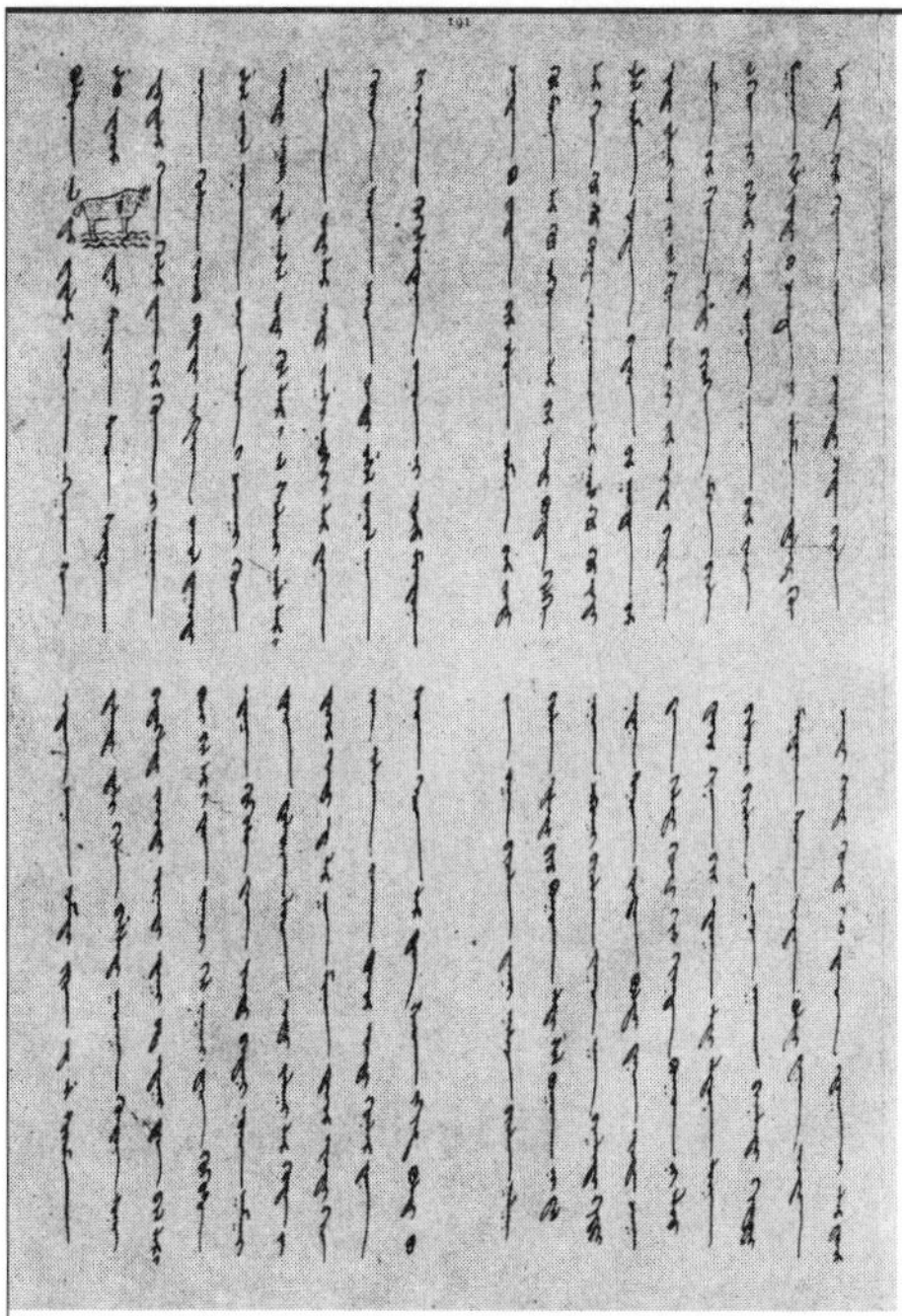

●『オグズの書』の第一ページ（フランス国立図書館蔵）　左から二行目に雄牛の姿が描かれている。

●『集史』のオグズ・ハーン物語の末尾（トルコ・トプカプ宮殿蔵）　ここにはボズク（ボゾク）に属する三人の息子とそれぞれ四人の孫の計一二人の名が記されている。

な相違がある。ウイグル文字版と同じ六人の息子の名があらわれるが、彼らの母についてはなにも語られない。しかし、六人にそれぞれ四人の息子があり、総計二四人のオグズの孫たちが、オグズ二四部族の祖先であるとされる。『集史』の物語が、ウイグル文字版に記されたのと同じ伝説、もしくはその祖型にもとづきつつ、これをイスラームに適合するよう改変したものであることは一読して明らかであろう。イスラームの受容は、始原にかんする伝説の「イスラーム化」をも結果したのである。

アラン・コア伝説

これに類似した始原のイスラーム化のいまひとつの例は、チンギス・ハーン▲の祖先アラン・コアの伝説の変容である。変容前の伝説は周知の『元朝秘史』▲に記されている。すなわち、蒼き狼の子孫、ドブン・メルゲンはアラン・コアをめとり、二人の息子をえる。夫の死後、夜ごとに天窓からはいってくる「光る黄色い人」がアラン・コアの腹を撫《な》でその光が腹にしみとおって、アラン・コアはさらに三人の息子を産む。その末子ボドンチャル・ムンカクがチンギス

▼チンギス・ハーン（在位一二〇六〜二七）　モンゴル帝国の建設者。

▼『元朝秘史』　モンゴルの歴史文学的作品。記述はチンギスの始祖伝説に始まり、オゴタイの治世におよぶ。「ネズミの年」に書かれたと記されるが、その子年がいつの子年かについては諸説がある。モンゴル文字では伝わらず、漢字に転写された写本のみが伝来する。

の氏族であるボルジギンの始祖となる。

この伝説が変容してのちの姿の一例は、十七世紀に記されたと思しい、チャガタイ▲の子孫であるトゥグルク・ティムール・ハーン▲の改宗譚のうちに見出される。

〔トゥグルク・ティムール・ハーンの系譜〕トゥグルク・ティムール・ハーンはエセン・ブガ・ハーンの息子である。……彼〔チャガタイ・ハーン〕はチンギス・ハーンの息子である。彼はイェスゲイ・ハーンの息子である。……彼〔ブズィンジル・ハーン、すなわちボドンチャル〕はアランクル・キョルリュク（すなわち美女アランクルの意）の息子である。このハーンは女性であった。彼女の系譜はヤフェトにまで遡る。彼は預言者ノア——彼に平安あれかし——の息子である。ブズィンジル・ハーンは父無くして誕生した〔ので〕、その系統を母につけているのである。古えから認められているように、人の系統は絶対に父〔に帰属する〕ものである。しかし、もしそうでなければ、父〔のかわりに〕母に系統づけることもまた合法である。美女アランクルは大変清らかな女性で、その姿は清らか、正しい教え〔を守

▼チャガタイ・ハーン（在位一二二七〜四二）　チンギス・ハーンの子。チャガタイ・ハーン国の祖。

▼トゥグルク・ティムール・ハーン（在位一三四七／八〜六二／三）　チャガタイ・ハーンの子孫。分裂状態にあったハーン国を一時的に恢復。彼とその子孫が支配した国をモグリスターン・ハーン国という。

り」、信仰をもつ、貞潔、無垢、穏和な女性であった。彼女に起こったできごとは、マリア様――彼女に平安あれかし――に起こったできごとのようである。彼女が成年に達したとき、ある夜至高なる神を礼拝していた。〔天使〕ガブリエル――彼に平安あれかし――がやってきて、彼女の口に一滴の光を落とした。それにより妊娠し、ブズィンジル・ハーンを産んだ。……以下のことを知らねばならぬ。意志と選択は讃えるべき至高の神のものである。神が望みたまう者はだれであれ、彼に御自ら道を示される。望みたまわぬ者を永遠の迷妄のうちにおきたまう。至高の神の御言葉。「アッラーは御心のままに人びとをその光のところまで導きたまう」〔クルアーン二四章三五節〕。……トゥグルク・ティムール・ハーンが〔神への〕愛慕の念を見出したのは、美女アランクルの光が彼において発現したからであった。

アラン・コアをはらませた「光る黄色い人」は『元朝秘史』において「天の子」とされており、チンギス・ハーンの始原はそれゆえがんらい聖なるものであった。イスラームの受容はアラン・コアの腹にしみとおった光を天使ガブリエルがもたらしたアッラーの光に変容させ、トゥグルク・ティムール・ハーンの改宗に聖なる始原を付与した。これにより、モンゴルのハーンの王権とそのイスラームへの改宗は二つながら神の意志によりあらかじめ約束されたものとして正当化されたのであった。

③—スーフィズム

初期の展開

ムウタズィラ派の神学者たちが神の唯一性(タウヒード)の論理による弁証に努めていたのと同じころ、タウヒードを論証するのではなくむしろ体験することをめざす人びとが出現した。およそあらゆる神秘主義は、超越的真理と自我は究極的に同一である、もしくは合一することができるという信念に基礎をもつが、厳格な一神教であるイスラームの神秘主義の場合には、その「合一」は自我と神との二つがひとつになることではなく、唯一の真実在である神の前で迷妄の自我が消滅(ファナー)し、神の唯一性のみが顕現《けんげん》することにより達成される。

九世紀の神秘家たちは、預言者の時代からすでに存在した、最後の審判と地獄の劫罰《ごうばつ》を心から畏怖し清貧のうちに生きることを旨とした禁欲者たちの系譜に連なる。が、両者のあいだには重大な相違が認められる。九世紀の神秘家たちは先駆者たちの清貧は継承したが、神にたいする畏怖は恋慕に近い愛に変化させたのである。この変化の要因として、外部的なそれ、すなわちグノーシス説▲を含むヘレニズム思想、マズダ教、マニ教▲、さらにはインドのヴェーダンタ▲や仏教の影響が論じられてきた。

自伝まで遺したハキーム・ティルミズィー▲など若干の例外を除き、初期の神秘家（スーフィー）たち自身の著作はそのままのかたちではほとんど伝わっておらず、彼らの臨機の振舞いや発言は、若干の韻文やファナーの境地で発した酔語（シャタハート）とともに、のちに編纂されたスーフィーの伝記集に記録されるのが常であるが、そこに記されている彼らの体験は、神秘的な解釈をともないつつも基本的にクルアーンの言葉によっていいあらわされている。換言するとスーフィーたちは、クルアーンの啓示が彼らに突きつけた問題にたいし、クルアーンの言葉によって回答を与えているのである。

このことはイスラームの神秘主義が内発的なものであることの強力な証拠であるが、同時にその内発性は外部の環境との完全な遮断を意味するものではない。イスラーム神秘主義は、九世紀に、さまざまな宗教や思想が依然として活力を有していた環境において、イスラームの内部から発生した。その発生とそ

▼グノーシス説　ローマ帝国の東方地域の諸宗教思想にみられる、人間は物質的世界から浄化され内なる神性を認識することにより救済されるとする説。

▼マニ教　バビロニア出身のマニ（二一六頃～二七六頃）が創始したゾロアスター教、キリスト教、仏教などを複合させた宗教。

▼ヴェーダンタ　ブラーフマンとアートマンの究極的同一性を主張するインド哲学。

▼ハキーム・ティルミズィー（九一〇頃までに没）

の後の展開に、環境はいっさいかかわりがないと考えるほうがむしろ不自然であろう。

九世紀のスーフィーたちの活動の舞台はバグダードを中心とするイラクとホラーサーンの諸都市であったが、彼らのうちには遍歴を事とする者もあったから、その足跡が中央アジアの奥地にまでおよんだ可能性は高い。例えば、ハッラージュ▲は、その息子のハムドの証言として伝えられるところによれば、「その住民を神の御許に呼び寄せるため、私は多神教の土地(もしくはテュルク人の土地)▲へ赴かねばならぬ」といって、息子を弟子たちに託し、インド、ホラーサーン、トルキスタン、さらにはマースィーン▲にまでいたったという。フランスのイスラーム学者ルイ・マスィニョン▲は、この大旅行の時期を八九七年から九〇二年ころに想定し、マースィーンを当時ウイグル王国▲の首都であった高昌(のちのトゥルファン)に比定して、ハッラージュこそテュルク人をイスラームに改宗させた最初の人物であったと考えている。

ハッラージュが高昌にまでいたったというのは間接的な証拠にもとづく推定で、その真偽には議論の余地があるが、この旅からもどったハッラージュがメ

▼ハッラージュ(八五八／九～九二二)

▼「多神教」と「テュルク」　「多神教」と「テュルク」が書きまちがわれやすいことについては、すでに述べた(三七頁参照)。

▼マースィーン　ペルシア語では、マーチーン。サンスクリットのマハーチーナに由来し、中国本土を指す。

▼ルイ・マスィニョン(一八八三～一九六二)　青年時代にハッラージュの霊魂から執成しを受けるという神秘体験に出会った。多方面にわたる研究を展開し、アルジェリア独立問題などフランスとイスラーム圏の政治外交に積極的にかかわりつつ、生涯にわたってハッラージュ研究を続けた。

▼ウイグル王国　モンゴル高原にいたウイグルの国家が八四〇年に崩壊してのち、トゥルファン盆地を中心に建てられた国家。最初マニ教、ついで仏教が盛んであった。

▼**バーヤズィード・バスタミー**（八七四または八七七没）

放浪のスーフィー（カランダル）
中央の人物の着衣がつぎはぎであることに注目。この写真は一九三三年に新疆（しんきょう）のホタンで撮影されたもの。

ッカにあらわれたときにまとっていたというつぎはぎの襤褸《らんる》（ムラッカア）は、仏教の出家修行者が着用した「糞掃衣《ふんぞうえ》」を彷彿させ、彼がイスラーム世界の外にまで足跡をしるし、その地の異教の神秘家と接触した可能性は大きい。

さきにも述べたように、初期のスーフィーたちが自らの到達したファナーの境位を表現するために用いた言葉は、クルアーンに由来する。しかし、バーヤズィード・バスタミー▲の「われに讃えあれ」やハッラージュの「われは「真理」なり」という酔語は、自我が消滅し神のみが顕現するといういわば自己卑下の極において発せられた言葉であるにもかかわらず、その真意は大方の理解をえることができず、スーフィーたちはムウタズィラ派とハンバル派の双方から非難され、ときには生命を脅かされた。絞首刑に処せられたうえ、遺骸を焼かれてユーフラテス川に投棄されたハッラージュの受難は、スーフィーにたいする迫害の酷烈さと同時に、彼らがイスラーム社会において危険視されるマージナルな存在であったことをも物語る。

ハッラージュの処刑を境にしてバグダードとホラーサーンの偉大なスーフィーとその直接の弟子たちの時代は終りを告げ、十世紀の後半からは、ある研究者が「スーフィズムの手引書の時期」と呼んだ時代が始まった。スーフィーたちの伝記集が編纂されるとともに、スーフィズムの理論を体系的に記述して、スーフィズムが完全にイスラームの正統性に合致することを証明するために多くの著述がなされた。

ホラーサーン出身のクシャイリーの『クシャイリーの書』やガズナ出身のフジュウィーリーのペルシア語による『覆われたものの開示』などが、そうした著作の代表であり、哲学の限界を悟って神秘主義に転じたガザーリーの『宗教諸学の再興』も正統教学と神秘主義の統合をめざした著作のうちに数えることができよう。先行するスーフィーたちの著作に依拠しつつ、法学、神学などの学問をファナーに到達する神秘階梯のうちに措定《そてい》した『宗教諸学の復興』は、スンナ派イスラームの基本的文献となり、後世に大きな影響を与えたが、イブン・タイミーヤのような伝統主義者からの批判をこうむったのみならず、ガザーリーと同じく哲学者にしてスーフィーであったイブン・サブイーンからも、「反対物を混ぜ込んだ寄集め」との酷評をあびせられた。

ガザーリーの批判によってスンナ派イスラーム世界における哲学じたいは衰

▼**クシャイリー**（九八六〜一〇七二）

▼**フジュウィーリー**（一〇〇九／一〇〜七二）

▼**ガザーリー**（一〇五八〜一一一一）

▼**イブン・タイミーヤ**（一二五八〜一三二六）

▼**イブン・サブイーン**（一二一七／八〜六九／七〇）

退を決定づけられたが、晩年のイブン・スィーナーが先鞭をつけた哲学と神秘主義の融合の試みは、スフラワルディー▲の照明哲学とイブン・アラビー▲の存在一性論によって達成された。前者では「光のなかの光」後者では「絶対無限定存在」と呼ばれる「一者」からの流出によって万物が生起するとする思想は、伝統主義者からの攻撃を受けながらも後代に大きな影響を与え、前者はとくにシーア派哲学に、後者はスーフィズムに受け継がれて広く伝播《でんぱ》し、中国にまでおよんでその地のイスラーム思想の主調となった。

スーフィズムの伝承

名だたるスーフィーのもとに彼を慕う人びとが参集する現象はすでに早くから存在したが、十一世紀にはいると、師匠（アラビア語シャイフもしくはムルシド、ペルシア語ピール）の私宅で弟子たちが共同生活をいとなむようになった。そうした場所は、師匠の私宅部分、弟子たちのための個室、集団でおこなう旋舞（サマー▲）や称名（ズィクル▲）などの修行のための大きな部屋などから構成されるようになり、ホラーサーンではハーンカー（もしくはハーナカーフ）、アラビア

▼スフラワルディー（一一五四〜九一）　スフラワルディーは、アイユーブ朝の君主サラディン（サラーフ・アル・ディーン）の息子でアレッポの支配者であったマリク・アル・ザーヒルの庇護を受けていたが、ウラマーによって異端とされ、サラディンの介入によって処刑された。イブン・アラビーは、生前に迫害をこうむることはなかったが、死後遺著が流布しはじめるとウラマーのなかからは彼を異端と宣告する者が続出した。

▼イブン・アラビー（一一六五〜一二四〇）

▼サマー　無我の境に達するため集団でおこなう旋舞。本書表紙の図はその光景を描いたもの。

▼ズィクル　もとの意味は、心中に想起すること。短い祈禱を繰り返す。声にだすやり方と無声で唱えるやり方がある。七九頁写真参照。

ヘラートのアブッドゥッラー・アンサーリー廟　一四二八年にティムール朝のシャー・ルフによって修築。左下に見えるのは修築をおこなった建築家の墓で、聖者に敬意を表すため遺言により伏せた犬のかたちにつくられている。

▼アブー・サイード（九六七〜一〇四九）

▼アブドゥッラー・アンサーリー（一〇〇六〜八九）

語圏ではリバート、ザーウィヤと呼ばれた。

ハーンカーは教育、修行の場であるとともに、師匠と弟子たちの生活の場でもあったから、共同生活を規則立てる必要が生じた。ホラーサーンのマイハナのスーフィー、アブー・サイード▲の定めた一〇カ条からなるハーンカーの規則がその嚆矢《こうし》とされる。彼は、ペルシア語の四行詩（ルバーイー）を神秘思想の表現手段として用いた最初の人物であり、聖法からの逸脱を疑われる奔放な行動で知られるが、青年期の終りまで一〇年以上にわたってメルヴやサラフスでシャーフィイー派の法学を学習していた。このように法学者が回心してスーフィーになる、もしくは法学者のままスーフィーにもなることは、当時はむしろ通常のことであった。

ヘラートのアブドゥッラー・アンサーリー▲も、ハンバル派の法学者であって同時にスーフィーであり、彼にあっては、スーフィズムが重視する、神を観照する直感知（マアリファ）は、ハンバル派が信じる、クルアーンの言葉どおりの「見神」に対立するものではなかった。彼は、（クルアーンと同じく）「マアリファは被創造物ではない。なぜならば被創造物が創造主にいたり着くことはできぬからである」というイブン・ハンバルのものとされる言葉を引用している。幾度もヘラートから追放される憂き目に遭いつつアンサーリーが生涯にわたって戦った相手は、理性主義的な神学であった。アンサーリーの思想的相続人とされるユースフ・ハマダーニーもまたシャーフィイー派の法学者であり、バグダードにおける教師の地位を棄ててメルヴとヘラートでスーフィーの生活を送った。彼には多くの弟子がいたが、アブド・アル・ハーリク・グジュダヴァーニーとアフマド・ヤサヴィーはそれぞれ、ナクシュバンディー教団の遠祖、ヤサヴィー教団の開祖となった。

　ヤサヴィーには『叡智詩集』というテュルク語の詩集があるが、その編纂された時期は十五世紀の後半を遡らないとされる。ヤサヴィーの詩の、一行が主として七＋七の一四音節もしくは六＋六の一二音節からなる四行詩を連ねる形式は、テュルク語に固有の歌謡に由来し、『叡智詩集』の詩もがんらい口承で広まったものであると思われる。それゆえ、『詩集』のどの部分がヤサヴィーの真作であるかを決定することはできない。ヤサヴィーの弟子たちやその系譜に連なる者の多くは草原のテュルク人出身であり、ハキーム・アタ、アルスラ

▼ユースフ・ハマダーニー（一〇四九～一一四〇）

▼アブド・アル・ハーリク・グジュダヴァーニー（一二二〇没）

▼アフマド・ヤサヴィー（一一六六没）

ン・ババのごとくいずれもテュルク語の「父」を意味するアタ、ババを名乗りとし、師に倣って詩を吟じつつ漂泊を事としていた。テュルク人の西方への移動にともなって、彼らもついにはアナトリアにまでいたり十四世紀以降ユヌス・エムレ▲をはじめとするアナトリアのアーシク（神秘主義的吟遊詩人）が輩出することになる。

もっとも、スーフィズムはこのヤサヴィーに先だつ時代にすでにマー・ワラー・アンナフルさらには「テュルク人の土地」に伝播し定着していた。例えば、『クタドゥグ・ビリグ』には、フジュウィーリーやホラーサーンのサッラージュ▲などの著作に想をえた多くの詩句や逸話が含まれており、著者がこれらの著作に親しんでいたことが明らかである。また、ルーズビハーン・バクリー▲が、トルキスタンとシーラーズのあいだを往来していた弟子の求めによってトルキスタンのシャイフたちのために『聖性論』を執筆し、この書を届けられたかの地のシャイフたちは、「うやうやしくそれを学び、彼らの質問にたいする答えをすべて見出した」という逸話は、中央アジアのスーフィーがイラン方面と絶えず交渉をもっていた事情を伝えている。

▼ユヌス・エムレ（一二三九頃没）

▼サッラージュ（九八八没）

▼ルーズビハーン・バクリー（一一二八〜一二〇九）　シーラーズの生まれ。ハッラージュの思想を継承。『聖性論』のほかに、『魂の旅程』『神を愛する者たちの水仙』などの著作がある。

道統・教団・聖者・墓廟

自己消滅をとげるための神への接近の道に進む意欲（イラーダ）を発した者（ムリード）は、当然この道の師匠の教えを受けることになる。初期には師弟の関係はかならずしも固定的ではなく、ムリードが複数のシャイフのもとを遍歴することもまれではなかったが、修道の場としてのハーンカーがいとなまれるようになると、ムリードは師にたいする弟子の意味になり、入門にさいしては弟子の師匠にたいする服従儀礼（バイア）とそのあかしとしての弊衣《へいい》（ヒルカ）の授与がおこなわれるようになった。師弟関係の固定は、神秘道の秘奥の伝承経路が重視される結果をもたらし、ひとりのスーフィーから遡って預言者にいたる道統（スィルスィラ）の観念が形成された。

アッバース朝の衰退に続いて、正統的な政治・宗教組織が弱体化し、かつさきに述べた神秘哲学への傾斜を強めた思弁的スーフィズムが難解にすぎて一般のムスリムには無縁のものになりつつあったときに、スーフィー教団（タリーカ）はムスリムにたいし彼らの宗教感情によく適合する教育をほどこすことができる組織として誕生したのである。最初の教団が出現したのはカリフ、ナースィルの時代（一一八〇〜一二二五年）のバグダードにおいてであり、それに先だって存在したホラーサーンのハーンカーが教団に発展した例はなく、ヤサヴィーを例外として、さきに名をあげた著名なスーフィーたちを創始者とする教団は存在しない。セルジューク朝▲の弱体化に乗じてカリフ権力の回復を意図し、イスラーム社会の再統合をはかったナースィルは、政治顧問であったスフラワルディー▲の助力をえて、「若者組」（フトゥーワ）という一種フリーメーソン風の組織にスーフィズムの理念を注入して自らの権威のもとにおこうとした。このスフラワルディーが、正しくその名を冠した教団の実質的な創始者であったことに鑑みると、バグダードにおけるスーフィー教団の発生は、ナースィルの政策に促されたものであった可能性が高い。

　教団の創始者たちはもとより、さきに言及した神秘家たちは例外なくすべて聖者とみなされてきた。聖者を意味するアラビア語はワリー（複数アウリヤー）であるが、この語は近接することを意味する動詞からの派生語で本来友人を意味し、クルアーンは、信徒たちは神のワリー、神は信徒たちのワリーであると

▼セルジューク朝（一〇四一〜一一八四年）　テュルク系のセルジューク族が中東に進出して建設した国家。

▼スフラワルディー（一一四五〜一二三四）　照明哲学のスフラワルディーとは別人。

称している。神秘家からすれば、神に接近し自己消滅をとげることこそが真の神の友となることの内実であったから、早い時期から神の友すなわち聖者とはいかなる人か、またその境地に到達するためにはいかなる修行をおこなうべきかが論じられていた。

ハキーム・ティルミズィーの『神の友たちの生涯』は、この問題を系統的に論じた初期の著作のひとつである。ティルミズィーが述べた、この世界の存続は神によって現出された四〇人の「正しい者」に依存しており、四〇人のうちの一人が死ぬと神はかかわりの者をその地位におく、という観念はその後精緻に展開されて、極(クトゥブ)という最高権威を頂点とする聖者たちの不可視のヒエラルキーが世界の秩序を維持しているとの考えが広く受け入れられるようになり、聖者の崇敬者たちは、自らの聖者こそが彼の時代のクトゥブであったと主張した。

神の友たちにたいしては神の特殊の恩寵《おんちょう》すなわち奇跡が与えられたから、崇敬者が自分たちもその恩寵に与れるよう生存中の聖者、もしくはその死後の霊魂に向かって取次ぎを求めるようになったのは、いわば当然のなりゆきであっ

▼**グッズ**　ほとんどイスラーム化していない遊牧テュルク人。

た。多くの法学者たちは聖者の奇跡を否定し、聖者に執成しを依頼することを非難したが、そもそも神の言葉が、天使と預言者を介して人類に伝えられたのであるからには、人類の願いはこの回路を逆にたどって神の友を介して神に届けられるというのが非難にたいする神秘家からの回答であった。

かくして聖者の霊魂、目に見えるかたちではその遺骸が葬られている墓が崇敬の対象となった。比較的早期の具体例として、上述したマイハナのアブー・サイードの墓にたいする崇敬をあげることができる。この聖者の孫の孫が著した聖者伝『タウヒードの秘密』によると、聖者の墓はグッズ▲の襲撃によってひとたびは荒廃したものの、聖者の子孫によって護持されつづけていた。聖者の死の直後からさまざまな奇跡が出現し、その墓はついにはメッカにもまさる聖地であるとみなされるにいたったという。メッカにまさるという主張がなされた例はこれ以外にはないと思われるが、メッカにつぐ聖地と称された聖者の墓は少なくない。

聖者の墓の周りに集まったスーフィーの集団のあいだで語り継がれた聖者の事績は、墓廟《ぼびょう》に付設されたハーンカーにおいて聖者伝のかたちにまとめられ流布するようになった。そして、伝統主義者からの非難にもかかわらず聖者への崇敬が社会全般に定着すると、聖者が葬られているとの物語を仮構することによって、巨石や泉などを含むイスラーム受容以前からのさまざまな聖地にたいする崇拝もイスラームのうちに取り込まれ、合法性を獲得したのである。

▼**ホラズム・シャー朝**（一〇七七～一二三一年）　セルジューク朝のマムルーク出身者が建てた国家。モンゴルの侵入まで中央アジアを支配。

▼**ゴール朝**（一一〇〇?～一二一五年）　アフガニスタンのゴールに成立した王朝。北インドに侵入し、ムスリムがこの地方を支配する基礎を築いた。

④—モンゴルの侵入とそれ以後

モンゴルの侵入

カリフ権力の回復をめざしたナースィル（六六頁参照）は、ホラズム・シャー朝▲を呼び寄せてセルジューク朝を滅亡させ（一一九四年）、ついでゴール朝▲をそそのかしてホラズム・シャー朝の背後を突かせたが、ホラズム・シャー朝のムハンマドは逆にゴール朝の軍勢を粉砕し（一二一五年）、さらにはカラ・キタイにも勝利して、インドとアナトリアのあいだの全域を支配する大帝国を出現させた。モンゴルの西征が開始されたのはその直後のことであり、ムスリムの史家のなかには、ムハンマドの専横を憎んだナースィルがモンゴルに侵入を促したと説く者もある。

いずれにしてもムハンマドがアム川をこえて逃亡したことにより、ホラズム・シャー朝はあっけなく崩壊した。モンゴルの侵入によってはしなくも、この国家が機能的な統治機構を欠き、その存立はムハンマドの圧政にのみ依存していたことと、マー・ワラー・アンナフルやホラーサーンの諸都市では、複数の名望家、駐屯軍の指揮者、宗教指導者、街区によった一般住民、それに都城の外の遊牧民などの利害が輻湊《ふくそう》し、降伏するにせよ戦うにせよ、これらの階層をまとめて代表することができる者が不在であったことが露呈した。

モンゴルへの対応を決定する要因となったのはこれら諸階層の個別の利害であり、宗教信条はほとんど問題にされなかったと思われる。例えばいくつかの都市では、接近するモンゴル軍に出頭して征服の手引をしたのは、さきのカラ・キタイとの交渉の経験から異教徒への対応について学ぶところがあったウラマーであったが、彼らは敵の裏切りは歓迎しつつ裏切り者はきらったモンゴルの殺戮《さつりく》をまぬがれることはできなかった。

モンゴルによる破壊と殺戮の規模を精確に認定することは困難であり、近頃では比較的軽微であったとの主張もなされている。しかし、ブハラこそ十三世紀の末にはある程度復興したことが認められるものの、旧市街の廃墟を今にとどめるサマルカンドは征服以後一世紀半のあいだほぼ歴史の舞台から姿を消し、アム川の岸壁によって強固に防衛されていたテルメズの旧市街は完全に破壊され、トゥースをはじめホラーサーンのいくつもの都市が廃墟となったことは確かな事実である。諸都市のイスラーム社会とその文明ももとより損害をまぬがれえなかった。

『世界征服者の歴史』の著者ジュヴァイニー▲は、モンケ・ハーン▲を賛美するその序文においてすら、学術が衰退し卑賤の者が成り上がる社会の変動を嘆いて、「今日、なべての地表、なかんずく、幸運と慈善の発源地であり……真珠を撒く預言者の口から知識はメッカに根を張り、ホラーサーンに実を成らせる樹木である」といわれたホラーサーンは、「知識の外套をまとい、文芸の宝石によってかざられた人びとという装飾を失い」、「ウイグルの言語と文字が完璧な学芸とみなされ、悪行の衣を着した市場の与太者がアミールに成り上がった」と述べている。文運の衰退にたいする嘆きは多分に常套的ではあるが、衰退の理由のひとつを「ウイグルの言語と文字」の優勢であったとする点は極めて具体的な指摘である。

少なくともジュヴァイニーがこの文章を書いた一二五〇年代には、イスラームはまだモンゴルのあいだに確かな地歩を築いてはいなかった。とりわけ、チンギス・ハーンの掟(ヤサ)▲の護持者をもって任じたチャガタイは、支配地のム

▼ジュヴァイニー(一二二六頃〜八三)

▼モンケ・ハーン(在位一二五一〜五九)

▼掟(ヤサ)　モンゴル語ではジャサ。ヤサはペルシア語などにあらわれるかたち。チンギス・ハーンにより制定され成文化もされたとされる法律。まとまった法典としてのヤサの書は現在まで発見されておらず、その存在じたいを疑う説もある。後代には成文化されていない遊牧民の個々の慣習法がヤサもしくは同義語でトレと称されていた。

スリムにたいしイスラームの儀礼にのっとる屠殺《とさつ》を禁じるなど強圧的な態度で臨んだ。この事態を緩和するためのムスリムにとって最善の手段は、異教の支配者に自分たちの世界観を共有させること、すなわち、彼らを改宗させることであった。

モンゴルの改宗

イル・ハーン朝▲のガザンの例からも明らかなように、当初モンゴルの王侯たちは自らの改宗が政治的利益をもたらすことが予期できる場合にのみイスラームを受容した。ハーンたちの改宗はスーフィーの影響によるとの伝承の事実性をいちがいに承認することは困難であり、こうした伝承はむしろ、モンゴルの征服によって正統的イスラームを支えていた諸国家が消滅した結果、スーフィーおよび形成されはじめていた彼らの教団がイスラーム社会の周縁から中心部に移行し、被征服者と征服者の仲介者の役割を演じるようになった状況の産物であると考えられる。したがって、そうした伝承には、核となるいささかの事実と教団の権威を高めるために後世に付加された文飾とが混じり合っており、

▼**イル・ハーン朝**(一二五八〜一四一一年)　モンケ・ハーンの弟フラグがイラン方面を征服して建てた国。

スーフィズムの歴史の理解にはむしろ後者の要素がいかなる意図でどのような経緯で付加されたかの問題がより重視されなければならない。

モンゴルのホラズム侵攻にさいして殉教したクブラヴィー教団の名祖ナジュム・アル・ディーン・クブラーの流れを汲む者たちの、ガザンやジョチ・ウルスのベルケをイスラームに導いたのはスーフィーたちであり、しかも彼らは自分たちと同じ道統に属する者であったとの主張は、教団の成立と拡大に緊密に結びついているのである。

クブラーの弟子のサイフ・アル・ディーン・バーハルズィーはイスラーム社会の利益代表としての役割を自ら引き受けたスーフィーの好例である。ベルケは、父ジョチの意志によって生まれながらにムスリムとして育てられたという史料も存在し、バーハルズィーがベルケを改宗させたという伝承には問題があるにしても、ベルケがバーハルズィーの教えを受けたことに疑問の余地はない。チャガタイの宰相に取り立てられていたハバシュ・アーミドという人物に詩を贈って、「この国における「真理」の勝利は汝に委ねられたり。汝もし怠らば、審判の日、いかに弁明するや」と宗教的権威にもとづいてあからさまな威嚇《いかく》を

▼ナジュム・アル・ディーン・クブラー（一一四五〜一二二一）　彼の死の状況については二種の伝承があり、逃れることを望んだ弟子たちを脱出させたのち、老齢にもかかわらず投石し槍をふるってモンゴル兵と戦って死んだとも、モンゴル兵がいたったとき四〇日の断食行の満行に三日を残していたところ、奇跡によりその三日間はだれも彼を害することができず、満行ののちに首を切られたともいう。

▼ジョチ・ウルス　チンギス・ハーンの長子ジョチの子孫が支配したユーラシア北方草原の国家。

▼ベルケ（在位一二五六?〜六六）ジョチの第五子。

▼サイフ・アル・ディーン・バーハルズィー（一一九〇〜一二六一）

●—ナジュム・アル・ディーン・クブラー廟

●—ブハラのサイフ・アル・ディーン・バーハルズィー廟　現在は修復されている。

おこなったことは、彼がこの利益代表の役割を自覚していたことを如実に示している。

しかし、チャガタイの子孫をイスラームに獲得するには相当の時間が必要であった。一二六六年、すでに改宗していたムバーラク・シャー▲がハーン位についたが、クビライ▲に送り込まれたバラク▲によって廃位された。ドゥア▲以降、モンゴルの改宗は徐々に進展したと思われるが、ムバーラク・シャー以降で改宗したハーンはタルマシリン▲が最初であった。

この時代のホラズム・テュルク語の資料として極めて貴重なラブグーズィーの『預言者物語』(一三一〇年完成)は、同時にモンゴルの改宗の進展を垣間見させる史料でもある。著者にこの書の執筆を依頼したドゥアの曾孫であり、すでに改宗していたトクブガという名のモンゴル人への賞辞において、著者はつぎのように述べている。

　彼の生まれはモンゴルなるも、見よや。イスラームのために悔い改めて、
　預言者のウンマになりたり。
　日夜礼拝怠らず、聖なる読書に熟達し、クルアーン読むことその習い。

▼**ムバーラク・シャー**(在位一二六六)

▼**クビライ**(在位一二六〇〜九四)

▼**バラク**(在位一二六六〜七一)

▼**ドゥア**(在位一二八二〜一三〇六)

▼**タルマシリン**(在位一三二六〜三四)

トクブガがこの書の執筆を求めたことじたい、十四世紀の初頭においてマー・ワラー・アンナフルのモンゴルがすでに言語的なテュルク化をとげていたことの証左であり、著者の賞辞を言葉どおりに受け取るならば、改宗者のなかにはアラビア語を十分に解する者もいたということになる。『預言者物語』には数多くのクルアーンとハディースがテュルク語の訳をそえて引用されており、モンゴルを含むテュルク語話者は、これをつうじてイスラームにかんする知識をえることができたであろう。

かくして十四世紀にいたって、中央アジアのイスラーム社会はモンゴルの侵入が与えた衝撃をいちおう吸収しえたと考えられる。換言すると、軍事力を有する遊牧民は依然として慣習法(ヤサ)により支配されたが、少なくとも定住地帯の住民にかんするかぎり、シャリーアに準拠する支配が回復されたのである。しかしモンゴル期以降の中央アジアにあっては、ウラマー階層は王権から相対的に自立した権威を保持することができなかった。

モンゴルの系譜につながる支配者は、すでに生まれながらのムスリムではあったが、ときとしてヤサの規定を肯定する典拠をシャリーアのうちに見出すことをウラマーに要求し、ウラマーは渋々ながらもその要求に従った。より後代の例であるが、シーア派サファヴィー朝の支配をきらって末期のティムール朝▲に亡命し、ついでウズベクのシャイバーン・ハーンに仕えた法学者イブン・ルーズビハーン▲は、ハーンの恣意《しい》に翻弄される苦渋を書き残している。

ナクシュバンディー教団

政治権力への追従をよぎなくされたウラマー階層にかわって、スーフィーたちが定住社会と遊牧君主のあいだの仲介者の役割を担った。その典型がナクシュバンディー教団のスーフィーたちである。

さきにも述べたように、この教団の遠祖はユースフ・ハマダーニーの弟子であったアブド・アル・ハーリク・グジュダヴァーニーである。ただし、彼とハマダーニーの関係を否定する説もある。伝承によると彼の両親ははるかアナトリアのマラティアからブハラ・オアシスのグジュダヴァーン▲に移住したとされる。グジュダヴァーニーは「称名」(ズィクル)をはじめ「故郷に居ながらの旅」「脚下照顧」「世間にあっての隠遁」などの八項からなる修行の方法を定めた。

▼ティムール朝(一三七〇〜一五〇七年)　チャガタイ・ハーン国のモンゴル部族の出身者であるティムールが建設した国家。

▼イブン・ルーズビハーン(一五二一没)

▼グジュダヴァーン　ブハラからおよそ四〇キロ。現在ではギジュドゥヴァーンという。

●称名（ズィクル）の光景　声にだしてズィクルを唱えるカーディリーもしくはヤサヴィーのスーフィーたち（上）と、無声のズィクルを修するナクシュバンディーたち（下）。いずれも二十世紀初頭の写真。

修行者の霊的訓練が一般の生活者としての日常性のなかで実践されるべきことを強調する点において、グジュダヴァーニーの修行法はいわば在家主義的であり、それゆえブハラ地方の小生産者階層の帰依を獲得した。事実、その道統を継いだシャイフたちは、伝記ではほとんどがサイイドの出自であるとはされているが、大工の棟梁、織工、陶工、刺繡職人などであった。

グジュダヴァーニーに始まり第六代のシャイフであるアミール・クラールにいたるまでの教団はホージャガーンと称されるが、第七代のシャイフ、バハー・アル・ディーン・ナクシュバンド以降は彼の名にちなんでナクシュバンディーという。ナクシュバンドもさきのシャイフたちと同じくサイイドであると伝えられるが、若年のおりは父とともに刺繡を生業としていたとされる。ナクシュバンドとは刺繡職人の意味である。刺繡職人であったとき、彼はハリールという名のスーフィーに出会い彼に師事した。その後ハリールはマー・ワラー・アン・ナフルの支配者になり、ナクシュバンドは彼に六年間仕えた。死刑執行人であったともいう。

ある日一人の罪人の処刑を命じられたが、ナクシュバンドの刀はなにごとか

▼サイイド　預言者の子孫。

▼アミール・クラール（一三七一没）

▼ホージャガーン　ホージャガーンはホージャの複数形。本来のペルシア語での発音はハージャ。本来は、貴顕や紳士にたいする尊称。中央アジアでは預言者の聖裔やスーフィズムの導師の尊称となる。

▼バハー・アル・ディーン・ナクシュバンド（一三一八～八九）

▼ハリール　彼の名は中央アジアで書かれた年代記にはみえない。しかし、イブン・バットゥータは、その『大旅行記』でハリールという名の支配者に言及している。ただし、彼がスーフィーであったという記述はない。

をつぶやきつづけている罪人の首を切れなかった。ナクシュバンドがたずねると、罪人は、「わが師匠に思念を凝らし、執成しを求めている」と答え、師匠の名はアミール・クラールであるといった。一説では、ナクシュバンドは刀を捨てて、ただちにアミール・クラールの弟子になったという。

もとよりこうした伝承の事実性は確認できないが、ナクシュバンドの前半生がチャガタイ・ハーン国末期の動乱の渦中にあったことは否定できない。彼は、上述のグジュダヴァーニーの八項に内省にかんする三項を加え、これがナクシュバンディー教団の修行法となった。晩年には生まれ故郷のブハラ郊外の村カスリ・ヒンドゥヴァーン▲に住んで、多くの優秀な弟子を指導した。彼自身の筆になる著作の存在は確認されておらず、彼の伝記や教団の教理の整理はみな弟子たちの手になるものである。

ナクシュバンドの孫弟子であるホージャ・アフラール▲によって教団は飛躍的な発展をとげた。彼はタシュケント郊外の富裕な農民の子として生まれ、サマルカンドのマドラサ▲へ送られたが法学の研究に身をいれることができず、当時のティムール朝の首都ヘラートに赴き、幾人ものシャイフのもとを遍歴し、最

▼**カスリ・ヒンドゥヴァーン**　のちにはカスリ・アーリフィーンすなわち神智者たちの村と呼ばれるようになった。

▼**ホージャ・アフラール**（一四〇四〜九〇）

▼**マドラサ**　イスラーム学院。

▼**ヤークーブ・チャルヒー**（一四四七没）

▼**アブー・サイード**（在位一四五一〜六九）

終的にナクシュバンドの弟子のヤークーブ・チャルヒー▲の導きを受け、二十九歳でタシュケントに帰還した。

ホージャ・アフラールは、オアシスの都市住民・農民のみならず政治支配者の帰依《きえ》も獲得した。一四五一年第七代のアブー・サイード▲の招聘《しょうへい》を受けてサマルカンドに移住したホージャ・アフラールは、以後四〇年にわたってアブー・サイードとその息子たちにたいして、霊的な指導者として臨み、王族間の紛争の調停に大きな影響力を行使した。また彼はオアシスの定住民と政治権力の仲介者として前者の利益を擁護し、イスラーム法に適合しない取引税を廃止させたりした。彼は、サマルカンド、ブハラ、タシュケントのみならずカーブル地方においても総計一三〇〇カ所をこえる農地（荘園）と都市部には多くの不動産を所有し、手代を派遣して経営にあたらせるほか、自らも所有する村落を巡回して監督していた。

ホージャ・アフラールのこうした政治的・経済的力の源泉は、彼の霊的能力にあった。より厳密にいえば、彼が優れた霊的能力の持ち主であると広く承認されていることにあった。たしかに聖者伝一般の常套ではあるが、弟子たちに

●―**スーフィー修行者の肖像**（エルミタージュ美術館蔵） 十七世紀初期。手足の斑点はこの時期に描かれた細密画のスーフィー修行者像にしばしばみられ、おそらくはなにか灼熱したもので焼いた痕と思われるが、文献にはそうした修行法の記述はない。

●―**遊行するスーフィー修行者**（カランダル） この写真は二十世紀の初頭に中央アジアで撮影されたもの。

よって伝えられる彼の事跡は、幻視を与えて弟子を導き、夢で予兆を与え、ひと睨みで敵の軍勢を退却させ、侮辱を加えた者を一瞥で殺すなど、すべて奇跡譚であって、政治的な事件にかかわる彼の行動もその例外ではない。彼の死後、その財産に課税しようとした役人が業病で死んだエピソードなどは、彼の霊的能力が尊崇と同時に畏怖の対象であったことを端的に示している。

　ホージャ・アフラールの弟子たちは、オスマン帝国やインドにまで教線を拡大し、ナクシュバンディー教団とその流れを汲む子教団、孫教団はやがて、イスラームを受容したスーダンやサハラ以南のアフリカ、ボスニア、ウラル地方、中国西部、インドネシアのあいだの全イスラーム地域に広まった。

　ホージャ・アフラールが示した政治への指向性は、彼の孫弟子であるマフドゥーミ・アーザム▲によってさらに強化された。彼はナクシュバンディー教団きっての理論家であり、三〇をこえる著作をおこなうかたわら、ウズベクやモグール・ウルス▲のハーンたちに影響をおよぼし、ホージャ・アフラール同様遊牧君主と定住社会との仲介者の役割を演じた。彼は、イスラームと彼の教団をほとんど同一視して、イスラーム的統治を実現するためには、君主自身がナクシ

▼マフドゥーミ・アーザム（一四六二／三〜一五四二／三）　彼の本名はアフマド・カーサーニー。マフドゥーミ・アーザムは最大の導師を意味する尊称である。

▼モグール・ウルス　一三四〇年ころチャガタイ・ハーン国が東西に分裂してのち、その東半をモグール・ウルスもしくはモグーリスターン・ハーン国と呼ぶ。モグールはモンゴルのペルシア語形。

ュバンディー教団の道統に属さねばならぬとの主張を展開した。

中央アジアにおいて君主権の正統性を担保したものは、チンギス・ハーンの血統であった。これに類似して、教団のシャイフの権能を正統化するものは、広くは預言者の血統、より厳密にはさきのシャイフとの父子関係によって継承されるカリスマであるとの観念が、この時代以降顕著になってきた。換言すると血統が道統に優越したのである。「聖なる家系」の隆盛は十七世紀のイスラーム世界の全域において認められる現象であるが、マフドゥーミ・アーザムの家系はその最初のひとつであって、とくに東トルキスタンに勢力を扶植した彼の子孫たちは、チンギス裔のハーン権力が弱体化した状況のなかで、スーフィーが支配する国家を樹立しようとさえした。

現在の「復興」まで

中央アジアのイスラーム教は明確に規定されたハナフィー・マートゥリーディー主義と、聖者崇拝や呪術的利益祈願にまで裾野を広げるスーフィズムとの二つの要素から成り立っていた。両者はあい反することなく、社会的にもまた

▼**ムスリム宗務局**　帝政ロシアの時代に創設されたムスリムを管理・統制するための機関。ソヴィエト時代をへて現在まで、組織形態を変容させつつ存続している。

一人の人格のうちにも混在していたが、ただし、政治権力との関係という観点からみると、イスラーム社会の維持を第一義とするウラマーたちが、信仰の根幹が侵されないかぎりは、たとえ清朝《シン》やロシア帝国などの不信者(異教徒)の支配であろうともこれとの共存の可能性を探ろうとする傾きを示したのにたいし、スーフィーたちは、とりわけイスラーム社会に外部からの危機が迫っている状況においては、抵抗や反乱を組織し領導した。

共産主義政権下の中央アジアで、綿花の収穫時期とラマダーンがかさなったときに、ムスリム宗務局▲が、断食による生産性の低下を危惧した当局の意向に従って、綿花の収穫は社会主義建設のための聖戦であり、聖戦の参加者は断食の遵守を免除されている、というファトワーをだしたという一件は、この時期における法学者と権力のかかわりの例証である。一方スーフィズムは、より個人的・民俗的・宗教的慣行として生きつづけた。

ソ連邦崩壊にともなってイスラームにたいする抑圧的環境も消滅し、イスラーム再生の局面が出現し、モスクやスーフィー教団の活動が盛んになった。しかし、再生すべきイスラームはいかなるものであるべきかをめぐって紛争が発生し、タジキスタンの内戦▲のごとき悲劇が出現した。いわゆる「イスラーム復興主義」という中央アジアにとっては新たな潮流と、ハナフィー・マートゥリーディー主義とスーフィズムがセットになった伝統的なイスラーム信仰との緊張関係が、今後の中央アジアのイスラームの性格を決定していくことになると思われる。

▼タジキスタンの内戦　ソ連解体後のタジキスタンで、旧共産党系勢力と反対派のあいだで内戦が一九九二年から九七年まで継続した。

参考文献

大塚和夫ほか編『岩波イスラーム辞典』岩波書店　二〇〇二年

川本正知訳注『十五世紀の中央アジアの聖者伝――ホージャ・アフラールのマカーマート』東京外国語大学アジア・アフリカ言語文化研究所　二〇〇五年

ディミトリ・グダス（山本啓二訳）『ギリシャ思想とアラビア文化』勁草書房　二〇〇二年

小松久男編『中央ユーラシア史』（新版世界各国史4）山川出版社　二〇〇〇年

小松久男ほか編『中央ユーラシアを知る辞典』平凡社　二〇〇五年

竹下政孝編訳『中世思想原典集成11　イスラーム哲学』平凡社　二〇〇〇年

中村廣治郎『イスラムの宗教思想――ガザーリーとその周辺』岩波書店　二〇〇二年

濱田正美『東トルキスタン・チャガタイ語聖者伝の研究』京都大学大学院文学研究科　二〇〇六年

オリバー・リーマン（中村廣治郎訳）『イスラム哲学への扉』筑摩書房　一九八八年

Barthold, W., *Turkistan down to the Mongol Invasion*, Gibb Memorial Trust, 1977 (4th ed.).

Biran, Michal, *The Empire of the Qara Khitay in Eurasian History*, Cambridge University Press, 2005.

Bulliet, Richard W., *Islam, The View from the Edge*, Columbia University Press, 1994.

Destremau, Christian et Jean Moncelon, *Massignon*, Plon, 1994.

Etudes karakhanides, Cahier d'Asie centrale 9, Edisud, 2001.

Duchesne-Guillemin, Jacques, *La religion de l'Iran ancien*, Press Universitaire de France, 1962.

Farhâdi, A. G. Ravân, *'Abdullāh Anṣārī of Herāt*, Curzon Press, 1996.

Gaborieau, Marc et al. (ed.), *Naqshbandis, Cheminement et situation actuelle d'un ordre mystique musulman*, Edition Isis, 1990.

al-Hujwírí, *The Kashf al-mahjúb*, tr. Reynold A. Nicolson, Luzac, 1959 (repr.).

Juvaini, 'Ata-Malik, *The History of the World-Conqueror*, 2vols, tr. John Andrew Boyle, Manchester University Press, 1958.

Madelung, Wilfred, *Religious Schools and Sects in Medieval Islam*, Variorum, 1985.

Massignon, Louis, *La Passion de Hallâj*, 4vols, Gallimard, 1975.

Moḥammad Ebn-e Monavvar, *The Secrets of God's Mystical Oneness* [Asrār Al-Towḥīd], tr. John O'Kane, Mazda Publishers, 1992.

Najm al-dîn Kubrâ, *Les écolosions de la beauté et les parfums de la majesté*, tr. Paul Ballanfat, Editions de l'Éclat, 2001.

Nwyia, Paul, Ibn *'Aṭā Allāh (m. 709/1309) et la naissance de la confrérie šāḏilite*, Dar el-Machreq, 1990.

Papas, Alexandre, *Soufisme et Politique entre Chine, Tibet, et Turkestan*, Jean Maisonneuve Successeur, 2005.

Paul, Jürgen, *Die politische und soziale Bedeutung der Naqšbandiyya in Mittelasien im 15. Jahrhundert*, de Gruyter, 1991.

Popovic, A. et G. Veinstein, *Les ordres mystiques dans l'islam*, Edition de l'Ecole des Hautes Etudes en Sciences Sociales, 1986.

al-Rabgūzī, *The Stories of the Prophets*, 2vols, ed., tr., H. E. Boeschoten et al., Brill, 1995.

Radtke, Bernd and John O'Kane, *The Concept of Sainthood in Early Islamic Mysticism*, Curzon Press, 1996.

Rudolph, Ulrich, *Al-Māturīdī & die sunnitische Theologie in Samarkand*, Brill, 1997.

Rûzbehân Baqlî Shîrâzî, *L'itiniraire des esprits suivi du Traité de la sainteté*, tr. Paul Ballanfat, Les Deux Océans, 2000.

Teixidor, Javier, *Aristote en syriaque*, CNRS Editions, 2003.

Tosun, Necdet, *Bahâeddîn Nakşbend, Hayatı*, Görüşleri, Tarîkatı, Insan Yayınları, 2002.

Trimingham, J. Spencer, *The Sufi Orders in Islam*, Clarendon Press, 1971.

Yūsuf Khāṣṣ Ḥājib, *Kutadgu Bilig, I, Metin*, (ed.) Reşid Rahmati Arat, Milli Eğitim Basımevi, 1947.

Watt, W. Montgomery, *Islamic Creeds*, Edinburgh University Press, 1994.

Weiss, Bernard G. (ed.), *Studies in Islamic Legal Theory*, Brill, 2002.

Wensinck, A. J., *The Muslim Creed*, Frank Cass, 1965 (2nd impr.).

Zajączkowski, Ananiasz, *Le traité arabe Muḳaddima d'Abou-l-Laiṯ as-Samarḳandī, en version mamelouk-kiptchak*, PWN, 1962.

図版出典一覧

A. T. Адамова, *Персидская живопись и рисунок XV-XIX веков*, Санкт-Петербург, 1996 83上
L. I. Albaum & B. Brentges *Herren der Steppe*, Berlin, 1976 45下, 75下
R. W. Buillet, *Islam,the View from the Edge*, New York, 1994 7下
A. G. Ravân Farhâdi, *'Abdullāh Anṣārī of Herāt*, London, 1996 62
В. Д. Горячева, *Средневековые гордские центры и архитектурные ансамбли Киргизии*, Фрунзе, 1983 45上
K. Jahn, *Die Geschichte der Oġuzen des Rašīd ad-dīn,* Wien, Facsimiles, 1969 51下
G. Jarring, *Dervish and Qalandar*, Stockholm, 1987 59
Kâşgarli Mahmud, *Dîvânü Lûgati't-Türk*, Istanbul, Facsimiles, 1990 2
Yūsuf Khāṣ Ḥājib, *Kutadġiu Bilik*, ウルムチ, 1986 39, 51上
A. Zajạnczkowski, *Le traité arabe Muḳaddima d'Abou-l-Laiṯ as-Samarḳandī*, Warszawa, 1962 23, 扉
T. Zarcone, *Boukhara l'interdite 1830-1888*, Paris, 1997 79, 83下
佐藤次高撮影 9
堀川徹撮影 75上
ユニフォト・プレス カバー表・裏

世界史リブレット70

中央《ちゅうおう》アジアのイスラーム

2008年2月29日　1版1刷発行
2021年9月5日　1版4刷発行

著者：濱田正美《はまだまさみ》

発行者：野澤武史

装幀者：菊地信義

発行所：株式会社 山川出版社

〒101-0047　東京都千代田区内神田1-13-13
電話　03-3293-8131(営業)　8134(編集)
https://www.yamakawa.co.jp/
振替　00120-9-43993

印刷所：明和印刷株式会社

製本所：株式会社 ブロケード

 ISBN978-4-634-34700-7

世界史リブレット　第Ⅰ期［全56巻］

〈すべて既刊〉

1 都市国家の誕生
2 ポリス社会に生きる
3 古代ローマの市民社会
4 マニ教とゾロアスター教
5 ヒンドゥー教とインド社会
6 秦漢帝国へのアプローチ
7 東アジア文化圏の形成
8 中国の都市空間を読む
9 科挙と官僚制
10 西域文書からみた中国史
11 内陸アジア史の展開
12 歴史世界としての東南アジア
13 東アジアの「近世」
14 アフリカ史の意味
15 イスラームのとらえ方
16 イスラームの都市世界
17 イスラームの生活と技術
18 浴場から見たイスラーム文化
19 オスマン帝国の時代
20 中世の異端者たち
21 修道院にみるヨーロッパの心
22 東欧世界の成立
23 中世ヨーロッパの都市世界
24 中世ヨーロッパの農村世界
25 海の道と東西の出会い
26 ラテンアメリカの歴史
27 宗教改革とその時代
28 ルネサンス文化と科学
29 主権国家体制の成立
30 ハプスブルク帝国
31 宮廷文化と民衆文化
32 大陸国家アメリカの展開
33 フランス革命の社会史
34 ジェントルマンと科学
35 国民国家とナショナリズム
36 植物と市民の文化
37 イスラーム世界の危機と改革
38 イギリス支配とインド社会
39 東南アジアの中国人社会
40 帝国主義と世界の一体化
41 変容する近代東アジアの国際秩序
42 アジアのナショナリズム
43 朝鮮の近代
44 日本のアジア侵略
45 バルカンの民族主義
46 世紀末とベル・エポックの文化
47 二つの世界大戦
48 大衆消費社会の登場
49 ナチズムの時代
50 歴史としての核時代
51 現代中国政治を読む
52 中東和平への道
53 世界史のなかのマイノリティ
54 国際体制の展開
55 国際経済体制の再建から多極化へ
56 南北・南南問題

世界史リブレット　第Ⅱ期［全36巻］

〈すべて既刊〉

57 歴史意識の芽生えと歴史記述の始まり
58 ヨーロッパとイスラーム世界
59 スペインのユダヤ人
60 サハラが結ぶ南北交流
61 中国史のなかの諸民族
62 オアシス国家とキャラヴァン交易
63 中国の海商と海賊
64 ヨーロッパからみた太平洋
65 太平天国にみる異文化受容
66 日本人のアジア認識
67 朝鮮からみた華夷思想
68 東アジアの儒教と礼
69 現代イスラーム思想の源流
70 中央アジアのイスラーム
71 インドのヒンドゥーとムスリム
72 東南アジアの建国神話
73 地中海世界の都市と住居
74 啓蒙都市ウィーン
75 ドイツの労働者住宅
76 イスラームの美術工芸
77 バロック美術の成立
78 ファシズムと文化
79 オスマン帝国の近代と海軍
80 ヨーロッパの傭兵
81 近代技術と社会
82 近代医学の光と影
83 東ユーラシアの生態環境史
84 東南アジアの農村社会
85 イスラーム農書の世界
86 インド社会とカースト
87 中国史のなかの家族
88 啓蒙の世紀と文明観
89 女と男と子どもの近代
90 タバコが語る世界史
91 アメリカ史のなかの人種
92 歴史のなかのソ連